Mobbing: Hinschauen, Handeln.

NO BLAME APPROACH

Eltern und der No Blame Approach

Sorgen, Nöten und Fragen von Eltern gut begegnen

Mobbing-Intervention in der Schule
Information für AnwenderInnen des NO BLAME APPROACH

Heike Blum | Detlef Beck | www.no-blame-approach.de

Impressum

Heike Blum | Detlef Beck
Eltern und der NO BLAME APPROACH
Sorgen, Nöten und Fragen von Eltern gut begegnen
Information für AnwenderInnen des NO BLAME APPROACH

Layout: Susanne Bergmann
Abbildungen: Shutterstock, fairaend
Druck: Köllen Druck + Verlag, Bonn

Bibliografische Information der Deutschen Nationalbibliothek:

Die Deutsche Nationalbibliothek verzeichnet diese Publikation in der Deutschen Nationalbibliografie; detaillierte bibliografische Daten sind im Internet unter http://dnb.d-nb.de abrufbar.

Die Erstauflage dieser Broschüre wurde mit finanzieller Unterstützung durch Aktion Mensch erstellt. Wir danken Aktion Mensch, dass mit ihrer Hilfe diese Ergänzung zum NO BLAME APPROACH-Praxishandbuch ermöglicht wurde.

Zu beziehen bei fairaend unter:
www.no-blame-approach.de/materialbestellungen.html

info@no-blame-approach.de · www.no-blame-approach.de

ISBN 978-3-00-045478-3

Inhaltsverzeichnis

An wen richtet sich die Broschüre?

Die vorliegende Broschüre richtet sich primär an Lehrkräfte, Schulsozialarbeiterlnnen, Schulpsychologlnnen, schulische Beratungskräfte und all jene, die mit dem NO BLAME APPROACH in der Schule arbeiten und über praktische Anwendungs-Erfahrungen verfügen. **In Ergänzung zum Buch NO BLAME APPROACH** liegt der Fokus dieser Handreichung auf der Zusammenarbeit von Schule mit Eltern, die sich im Rahmen der Durchführung des Ansatzes ergibt.

Seit 2002 wird bundesweit in Schulen (alle Schulformen) mit dem NO BLAME APPROACH gearbeitet, um Mobbing unter Schülerinnen und Schülern schnell und konstruktiv zu beenden. In sehr vielen Fällen ist die Intervention erfolgreich und die Wirkung nachhaltig.

Was denken Eltern über den No Blame Approach ...

Viele Eltern begrüßen die Arbeit mit dem NO BLAME APPROACH und unterstützen seine Anwendung im Fall von Mobbing. Von vielen Elternabenden wissen wir, dass Eltern fast ausnahmslos den NO BLAME APPROACH als eine gute Option der Schulen ansehen, in Mobbing-Fällen zu reagieren.

... und was wünschen sie sich in Bezug auf Mobbing von der Schule?

Für Eltern ist es ein starkes Signal, wenn die Schule Präventionsprogramme und Interventionsansätze für die Bekämpfung von Mobbing in ihrer Praxis verankert hat. Es zeigt Eltern, dass Mobbing nicht verharmlost, sondern dieser Situation engagiert entgegengetreten wird. Dies ist für Eltern wichtig, weil sie so sicher sein können, dass die von ihnen gewählte Schule über Maßnahmen und Mittel verfügt, mit schwierigen Konflikt- und Gewaltsituationen zum Wohl des eigenen Kindes angemessen umzugehen.

Aus zahlreichen Beratungsgesprächen mit Eltern wissen wir, dass Eltern sich vor allem wünschen, dass „das Mobbing für mein Kind aufhört“ und „dass es meinem Kind wieder gut geht“. Es geht ihnen in den meisten Fällen nicht um Bestrafung, sondern darum, dass ihr Kind wieder in die Klassengemeinschaft integriert ist.

Wenn Elterninterventionen die Suche nach guten Lösungen erschweren …

In verschiedenen Einzelfällen haben Aktivitäten von Eltern den erfolgreichen Einsatz des NO BLAME APPROACH be- oder verhindert oder die bereits eingeleitete Intervention ungünstig beeinflusst und manchmal der positiven Entwicklung der Situation entgegengewirkt. In Bezug auf die Beteiligung von Eltern oder den Umgang mit elterlichen Einwänden und Forderungen haben sich so verschiedene Fragen für den Anwendungsprozess des NO BLAME APPROACH ergeben. Damit verknüpft ist uns regelmäßig die Frage begegnet, wie Schulen die Eltern über Mobbing informieren können und was ihnen in die Hand gegeben werden kann.

Eltern mit ins Boot holen …

Die im Laufe der Zeit gesammelten Erfahrungen im Umgang mit den oftmals als sehr schwierig erlebten Elterninterventionen haben wir in dieser Broschüre zusammengetragen mit dem Ziel, die Arbeit mit dem NO BLAME APPROACH weiter zu unterstützen. Blickwinkel und Haltung sind stets, die Eltern für die Zusammenarbeit zu gewinnen und ihre Mitwirkung und Unterstützung im Prozess des Mobbing-Stopps zu erreichen.

Die Schritte des No Blame Approach in Kürze

Der NO BLAME APPROACH ist ein Interventionsinstrument vor allem für pädagogische Fachkräfte in der Schule (Lehrpersonen, SchulsozialarbeiterInnen, Schulsozialpädagogen). Aber auch Schulpsychologen, TrainerInnen, die mit Schulklassen gewaltpräventiv arbeiten, oder auch externe Beratungskräfte, die im Auftrag der Schule regelmäßig mit Schülerinnen und Schülern in Kontakt kommen und in diesem Rahmen auf Mobbing aufmerksam werden, wenden den NO BLAME APPROACH im schulischen Kontext an.

Die Durchführung des NO BLAME APPROACH folgt einem strukturierten Ablauf in drei zeitlich aufeinander folgenden Schritten.

Schritt 1: Gespräch mit dem Mobbing-Betroffenen

Im ersten Schritt wird der von Mobbing betroffene Schüler zu einem Gespräch geladen. Ziel des Gespräches ist es, den Schüler oder die Schülerin für das geplante Vorgehen mit dem NO BLAME APPROACH zu gewinnen. Damit dies gelingen kann, ist es wichtig, **Zuversicht** zu vermitteln, dass sich die schwierige Situation verändern lässt, **Sicherheit** zu geben, dass es nicht schlimmer wird und **Engagement** zu zeigen, als pädagogisch verantwortliche Person alles dafür zu tun, dass die Schikanen aufhören.

Ein detailliertes Erfragen der Vorfälle erfolgt nicht. Erfragt werden die Namen jener MitschülerInnen, die aus der Sicht des betroffenen Schülers positiv besetzt sind und jener, die dazu beitragen, dass es dem Kind in der Schule nicht gut geht. Der Mobbing-Betroffene erfährt eine weitgehende Entlastung und muss im Weiteren nichts tun.

Schritt 2:
Gespräch mit der Unterstützungsgruppe

Der zweite Schritt ist die Bildung und das Gespräch mit einer Unterstützungsgruppe, die um Hilfe und Unterstützung gebeten wird, das Mobbing-Problem zu beheben. Die Gruppengröße beträgt 6-8 SchülerInnen, zusammengesetzt aus 50% AkteurInnen und 50% SchülerInnen, die nicht aktiv am Mobbing beteiligt sind. Die Lehrperson lädt die SchülerInnen zu einem gemeinsamen Treffen ein. Das Gespräch mit der Unterstützungsgruppe findet während der Unterrichtszeit statt. Es schließt sich zeitnah an Schritt 1 an und fokussiert auf folgende Aspekte:

Problem erklären - die pädagogische Fachkraft erzählt den Schülerinnen und Schülern, wie sich der betroffene Schüler fühlt, bespricht jedoch keine Details und genauen Vorfälle.

Keine Schuldzuweisung - die Pädagogin/der Pädagoge weist keine Schuld zu, bringt aber die Überzeugung zum Ausdruck, dass sich die Situation ändern muss.

Gruppe nach ihren Ideen fragen - jedes Mitglied der Gruppe wird über die Wertschätzung der Fähigkeiten und Stärken jedes Einzelnen ermutigt, Vorschläge zur Verbesserung der Situation zu machen.

Verantwortung der Gruppe übergeben - die pädagogische Fachkraft schließt das Treffen ab, indem sie die Verantwortung für die Problemlösung der Gruppe übergibt.

Schritt 3:
Nachgespräche einzeln mit allen Beteiligten

Die in der Regel kurzen Nachgespräche erfolgen nach circa 8 bis 14 Tagen, zunächst mit dem Mobbing-Betroffenen und im Weiteren mit jedem einzelnen Schüler der Unterstützungsgruppe. In diesen Gesprächen geht es darum zu erfahren, wie sich die Situation entwickelt hat, ob das Mobbing gestoppt wurde oder gegebenenfalls weitere Schritte notwendig sind.

Der dritte und abschließende Schritt gibt Sicherheit in der Beurteilung der Situation, sorgt für Verbindlichkeit und verhindert, dass die Mobbing-Handlungen wieder aufgenommen werden. Den Schülern und Schülerinnen wird für ihre Unterstützung gedankt.

Eltern und der No Blame Approach

Akzeptanz und Zustimmung ist die Regel

Mit Blick auf die Zusammenarbeit von Eltern und Schule zeigt sich eine überaus gute Akzeptanz und große Zustimmung seitens der Eltern für das Vorgehen mit dem NO BLAME APPROACH, wenn es darum geht, eine Mobbing-Situation zu beenden. Die Befürwortung dieser Interventionsform erfolgt unabhängig davon, ob es sich um Eltern handelt, deren Kind von Mobbing betroffen ist, oder um Eltern, deren Kinder in die Unterstützungsgruppe eingeladen sind.

Gut gemeintes Engagement von Eltern verkompliziert das Vorgehen

Neben den unzähligen positiven Erfahrungen im Zusammenspiel von Eltern und Schule bei der Durchführung des NO BLAME APPROACH entstehen durch unerwartetes und unabgestimmtes Vorgehen seitens einiger Eltern immer wieder auch Schwierigkeiten und Probleme, die die pädagogischen Fachkräfte vor große Herausforderungen stellen.

Im Rahmen der Arbeit mit dem NO BLAME APPROACH sind uns im Laufe der Jahre verschiedene Facetten von Elterninterventionen begegnet, die im nachstehenden Schaubild zusammengefasst sind. Das Schaubild verdeutlicht die „Schnittstellen" von Schule und Eltern, die sich in Mobbing-Prozessen mit Blick auf den NO BLAME APPROACH gezeigt haben.

Diese Schnittstellen sind:

- Eltern wenden sich an die Schule **vor einer Intervention**, weil sie ihr Kind als Ziel von Mobbing sehen
- Eltern des Mobbing-Betroffenen, Eltern aus der Unterstützungsgruppe oder Eltern aus der Klasse des Mobbing-Betroffenen werden mit oder **während der Intervention** aktiv
- Eltern wollen präventiv **Informationen** über Mobbing und den NO BLAME APPROACH

Im Schaubild enthalten sind ebenfalls einige Initiativhandlungen von Eltern, die keine Schwierigkeit darstellen, aber in der Praxis zu Fragen an uns geführt haben.

Eltern wenden sich an die Schule und suchen **Unterstützung:**
- „Mein Kind wird gemobbt" – „Beenden Sie das!"
- „Wie kann ich mein Kind, das gemobbt wird, unterstützen?"

Eltern der von Mobbing betroffenen SchülerInnen
- nehmen Kontakt zu Eltern von Mobbing-AkteurInnen auf
- fordern Bestrafung
- lehnen das Vorgehen im Detail oder generell ab

Eltern und Elternvertretung der Schule **wünschen Informationen** über Mobbing und den NO BLAME APPROACH

No Blame Approach

Eltern

Eltern der SchülerInnen der Unterstützungsgruppe
- wollen aus verschiedenen Gründen nicht, dass ihr Kind in der Unterstützungsgruppe mitmacht
- fordern Bestrafung
- sind erschrocken und suchen Rat

Mehrere Eltern werden aktiv und **beeinträchtigen oder blockieren** die Intervention mit dem NO BLAME APPROACH; vor dem Hintergrund von Eltern-Konflikten untereinander

Die verschiedenen Anliegen und Fragen der Eltern bilden den Hintergrund für die Zusammenstellung von möglichen Antworten und Handlungsoptionen, die stets im Sinne des NO BLAME APPROACH-Verfahrens zu verstehen sind. In vielen Fällen geht es vor allem darum, wie Gespräche mit Eltern konstruktiv und lösungsorientiert geführt werden können.

Soweit möglich haben wir die vorliegenden Anregungen, Erfahrungen und Handlungsempfehlungen den einzelnen Phasen der Vorgehensschritte des NO BLAME APPROACH zugeordnet.

Der No Blame Approach im zeitlichen Ablauf – fokussiert auf die Intervention von Eltern

Typischer Verlauf (nach Kontaktaufnahme durch Eltern)	Zeitlicher Ablauf
Prüfung seitens der Schule, ob es sich um Mobbing handelt ↳ Schule entdeckt Mobbing und informiert Eltern	**Mobbing gerät ins Blickfeld der Schule**
Eltern des Mobbing-Betroffenen werden über NO BLAME APPROACH und Vorgehen informiert ↳ Zustimmung seitens der Eltern ↳ Eltern werden um unterstützendes Verhalten für die Intervention gebeten	**Intervention mit** NO BLAME APPROACH **einleiten**
	NO BLAME APPROACH **durchführen**
Lehrkraft oder SchulsozialarbeiterIn führt Gespräch mit Kind, das von Mobbing betroffen ist	**Schritt 1: Gespräch mit Mobbing-Betroffenem**
Kinder für die Unterstützungsgruppe werden eingeladen, ohne dass ihre Eltern vorab informiert werden	**Schritt 2: Gespräch mit Unterstützungsgruppe**
Meist keine speziellen Kontakte zu Eltern	**Schritt 3: Nachgespräche**
Eltern werden über die Ergebnisse der Maßnahme informiert Eltern erhalten Auftrag, ihr Kind zu unterstützen und Veränderungen frühzeitig zu melden	**Nach der Intervention**

Fragestellungen bzw. Problemfelder, die durch Intervention von Eltern entstehen

---

→ Eltern suchen Unterstützung: „Mein Kind wird gemobbt"

→ Eltern lehnen Vorgehen ab

→ Eltern wollen Bestrafung der Mobbing-AkteurInnen

→ Eltern wollen an Gespräch teilnehmen

→ Eltern wollen nicht, dass Akteure an der Unterstützungsgruppe teilnehmen

---

→ Eltern wollen nicht, dass durch diese Maßnahme Unterricht ausfällt

→ Eltern wollen nicht, dass ihr Kind an Unterstützungsgruppe teilnimmt

→ Elternbeschwerden über das von Mobbing betroffene Kind: Kind ist selbst schuld! oder ist das Problem

→ Eltern wollen wissen, welche Rolle ihr Kind in Unterstützungsgruppe spielt: Akteur?

→ Eltern erfahren, dass ihr Kind mobbt und brauchen Unterstützung

---

→ In Einzelfällen melden Eltern ihre Eindrücke an die Schule

→ Eltern haben Sorgen, dass es wieder anfangen könnte

→ Konflikte zwischen Eltern werden sichtbar und verhindern gute Ergebnisse der Unterstützungsgruppe

Ein Mobbing-Fall gerät ins Blickfeld der Schule

„Hilfe, mein Kind wird gemobbt!"

In vielen Fällen erfährt die Schule von einer Mobbing-Problematik dadurch, dass eine um ihr Kind besorgte Mutter oder ein besorgter Vater anruft und über den Verdacht berichtet, dass das eigene Kind möglicherweise gemobbt wird.

Manchmal melden sich Eltern aber auch, weil sie Veränderungen an ihrem Kind wahrnehmen, wie zum Beispiel, dass es nicht mehr aufstehen will, es mit beschädigter Kleidung nach Hause kommt oder sich andere, nicht einzuordnende Auffälligkeiten zeigen. In der Regel suchen Eltern in dieser Situation Erklärungen und hoffen auf Hilfe seitens der Schule.

Nicht selten wird ein Mobbing-Fall im schulischen Alltag auch entdeckt, weil Lehrkräfte sich Gedanken über einen Schüler machen, da beispielsweise die Schulnoten ohne ersichtlichen Grund plötzlich abfallen oder sich ein Kind auffallend in seinem Wesen verändert hat.

Egal wie – im Fall eines Mobbing-Verdachts geht es zunächst darum, Klarheit zu gewinnen, ob es sich im Fall des Schülers bzw. der Schülerin in der Tat um eine Mobbing-Problematik handelt oder nicht.[1] Anschließend gilt es zu entscheiden, wie in diesem Fall weiter vorgegangen werden soll.

[1] Siehe hierzu auch die Ausführungen zur Mobbing-Brille in Blum/Beck 2016[5]:31ff.

Grundlegende Bedürfnisse von Eltern

Bevor im Detail auf verschiedene Gesprächsszenarien eingegangen wird, ist es nützlich, die grundlegenden Bedürfnisse von Eltern in den Blick zu nehmen, wenn sie sich in Sorge um das eigene Kind an die Schule wenden.

In aller Regel ist es für Eltern sehr wichtig, im Gespräch mit der Schule – insbesondere wenn sie das Wohl ihres Kindes gefährdet sehen – zu erleben, dass

- ihr Anliegen und ihre Sorgen aufmerksam und offen auf- und vor allem ernst genommen werden
- ihnen Glauben geschenkt wird, dass an ihren Sorgen etwas dran ist und diese berechtigt sind
- seitens der Schule wahrgenommen wird, dass sie sich als Eltern für das Wohlergehen und die Sicherheit ihres Kindes einsetzen
- die Schule anerkennt, dass sie ihre Aufgaben als Eltern gut machen wollen
- die Schule es wertschätzt und würdigt, dass sie im Fall ihres Kindes mit den Lehrkräften und/oder der Schulsozialarbeit zusammenarbeiten wollen
- sie selbstverständlich darüber informiert werden und konkret erfahren, was in der Schule zur Verbesserung der Situation des Kindes nach dem Gespräch getan wird
- die Schule über das Wissen und die Instrumente verfügt, mit einer schwierigen, ihr Kind betreffenden Situation umzugehen
- Lehrkräfte oder SchulsozialarbeiterInnen hilfreiche Vorschläge zur Hand haben, was Eltern selbst begleitend tun können, um die Situation für ihr Kind zu verbessern

Werden diese nachvollziehbaren Bedürfnisse von Eltern gesehen bzw. grundsätzlich vorausgesetzt, unterstützt dies zum einen darin, als Lehrkraft oder SchulsozialarbeiterIn eine wohlwollende und wertschätzende Haltung gegenüber Eltern einzunehmen und diese auch beizubehalten, wenn es zu schwierigen Momenten im Gespräch kommt.

Zum anderen bewirkt eine solche positive Haltung im Gespräch mit den Eltern, dass sie sich angenommen, verstanden und seitens des schulischen Personals mit ihren Anliegen gut aufgehoben fühlen.

Das Gespräch mit den Eltern zu Beginn eines Mobbing-Verdachts

Generell lassen sich drei differente Situationen für das Gespräch mit den Eltern nennen, die für die Lehrkraft, die Schulleitung oder die Schulsozialarbeit entsprechend unterschiedliche Gesprächsverläufe mit sich bringen:

- Eltern und die Lehrkraft/SchulsozialarbeiterIn stimmen in der Einschätzung überein, dass es sich um Mobbing handelt.
- SchulsozialarbeiterIn oder Lehrkraft haben noch keine eigene Einschätzung der Situation vornehmen können, d.h. müssen erst überprüfen, ob sich die Schilderungen der Eltern validieren lassen.
- Lehrkraft und/oder SchulsozialarbeiterIn bewerten die Situation des Kindes anders, als dies die Eltern tun.

Gesprächs-orientierung

... wenn die Situationseinschätzung von Eltern und SchulsozialarbeiterIn/Lehrkraft übereinstimmen

Diese Gesprächssituation ergibt sich in der Praxis meist dann, wenn die Eltern bereits vor dem Gespräch mit der Lehrerin oder dem Schulsozialarbeiter in Kontakt waren und die Eltern geäußert haben, dass ihr Kind gemobbt werde, und ein persönliches Gespräch gefordert haben.

In der Zeit zwischen Telefonat und Gespräch hat sich die Lehrkraft/SchulsozialarbeiterIn ein eigenes Bild von der Situation verschafft und kommt zur gleichen Einschätzung wie die Eltern.

Es ist gut für das Gespräch, wenn ...

die Eltern Raum bekommen, die Situation und ihre Wahrnehmungen zu erzählen. Unterstützt wird dies durch Fragen danach, was dem Kind/Sohn/der Tochter passiert ist, wie sie ihr Kind erleben, wie es ihm geht, was sie beobachtet haben, wer möglicherweise noch angesprochen wurde ...?

Hinweis: Anregungen dazu, welche Beobachtungen und Aspekte des Mobbing von Elternseite erfragt werden können, um die bisherige Einschätzung, dass sehr wahrscheinlich eine Mobbing-Situation gegeben ist, abzusichern und zu bekräftigen, finden sich im Abschnitt „Wie Eltern Mobbing erkennen können“ ab Seite 45.

- **die Eltern spüren, dass sie gehört und ihr Anliegen ernst genommen wird.** Hilfreich ist dazu, das Gehörte zu spiegeln und zu bestätigen: *„Es ist gut und richtig, dass Sie uns in dieser Situation angesprochen haben."*

- **Position bezogen wird:** *„In unserer Verantwortung ist es (oder: Unsere Aufgabe ist es), Mobbing aufzulösen. Wir akzeptieren Mobbing an unserer Schule nicht."*

- **konkret vorgeschlagen wird, was unternommen wird:** *„Wir haben Erfahrung mit diesen Situationen und ich schlage vor, dass ...".* und nun das Vorgehen mit NO BLAME APPROACH vorzustellen. Hierfür sollte eine einfache, leicht verständliche Beschreibung gewählt werden.

- **Sicherheit gegeben wird:** *„Es wird nichts ohne das Einverständnis auch Ihres Kindes/Sohnes/Ihrer Tochter unternommen."* Und *„Sie können mich jederzeit anrufen, wenn irgendetwas anders läuft als geplant."*

- **die Eltern mit ins Boot genommen werden**, indem ihnen Möglichkeiten aufgezeigt werden, wie sie in den kommenden Tagen ihr Kind unterstützen können. Siehe hierzu Abschnitt „Was Eltern tun können, wenn ihr Kind von Mobbing betroffen ist" ab Seite 42.

- **sichergestellt wird**, dass die Eltern während der Zeit der Intervention mit dem NO BLAME APPROACH keinen Kontakt zu anderen Eltern deswegen aufnehmen.

- **ein Termin für ein weiteres Gespräch vereinbart wird**, nachdem der NO BLAME APPROACH durchgeführt wurde.

Gesprächs-
orientierung

... wenn SchulsozialarbeiterIn oder LehrerIn noch keine eigene Einschätzung der Situation haben

Diese Gesprächssituation liegt in der Regel vor, wenn die Eltern direkt das Gespräch suchen und noch keine Gelegenheit bestand, sich ein eigenes Bild von der Situation der Schülerin oder des Schülers zu machen.

Es ist hilfreich, in diesem Gespräch ...

- **die Eltern spüren zu lassen, dass sie gehört werden und ihr Anliegen ernst genommen wird**, indem
  - das Gehörte gespiegelt wird
  - die zuhörende Person wertschätzt und begrüßt, dass die Eltern gekommen sind.
- **die schwierige Situation des Kindes zu bestätigen:** *„Was Sie da beobachtet haben und wahrnehmen, zeigt Ihnen, dass Ihr Kind/Sohn/Ihre Tochter in einer schwierigen Situation ist."*
- **einen konkreten nächsten Schritt zu benennen/zu vereinbaren:** *„Ich schlage vor, dass ich als Erstes ein Gespräch mit Ihrer Tochter/Ihrem Sohn (und gegebenenfalls auch mit dem Klassenlehrer/der Klassenlehrerin führe). Danach setze ich mich mit Ihnen unverzüglich wieder in Verbindung."*
- **zu sagen**, dass, wenn die vorgeschlagenen Gespräche geführt sind, vorgestellt wird, wie gehandelt werden kann oder soll.
- ebenfalls die **schwierige Situation der Eltern zu verbalisieren**: „Es ist schwer auszuhalten ..."
- einen **neuen Termin zu vereinbaren**, um die nächsten Schritte abzustimmen.

Gesprächs-
orientierung

... wenn SchulsozialarbeiterIn oder LehrerIn eine unterschiedliche Wahrnehmung von der Situation haben

Diese Gesprächssituation ergibt sich, wenn die vorhandene Einschätzung (oder zwischenzeitlich verschaffte Einschätzung) der Gesprächsteilnehmenden über die aktuelle Situation voneinander abweichen. Hier ist es besonders wichtig, achtsam und aufmerksam mit den Anliegen der Eltern umzugehen. Sie sind in

Schule hat noch keine Einschätzung vorgenommen

Eltern und Schule stimmen in der Einschätzung nicht überein

Sorge und wollen die Situation ihres Kindes zum Guten wenden. Eine Ablehnung ihres Anliegens oder eine Argumentation in Richtung, dass ihr Kind selbst Schuld an der misslichen Lage sei, weisen die Eltern hier in aller Regel zurück und fühlen sich von der Schule im Stich gelassen.

Vor diesem sensiblen Hintergrund ist es daher wichtig und hilfreich, im Gespräch Folgendes zu berücksichtigen und zu tun:

- **die schwierige Situation des Kindes zu bestätigen:** *„Was Sie da beobachtet haben und wahrnehmen, zeigt Ihnen, dass Ihr Kind/Sohn/Ihre Tochter in einer schwierigen Situation ist."* – Das heißt nicht, dass der Situationsbewertung der Eltern „Mein Sohn wird gemobbt!" zugestimmt wird. Anerkannt wird die Wahrnehmung der Eltern, dass es ihrem Kind nicht gut geht.
- **das Anliegen der Eltern aufzunehmen:** *„Sie machen sich große Sorgen um Ihren Sohn und Sie sind hier, weil Sie wollen, dass es ihm wieder gut gehen soll."*
- **wertzuschätzen**, dass die Eltern gekommen sind: *„Es ist gut, dass sie zu uns gekommen sind. Das Wohlergehen Ihres Kindes ist Ihnen wichtig und uns genauso."*
- **Vorwürfe auszuhalten und dahinter liegende Anliegen herauszuhören,** wie z.B. wenn gesagt wird: *„Ich habe schon mit Frau H. gesprochen. Aber die Schule macht ja nichts!"* Eine mögliche Spiegelung des Gesagten könnte lauten: *„Sie haben Ihre Sorgen und Befürchtungen schon vor unserem Gespräch geäußert und wünschen sich nun endlich Unterstützung und dass was passiert."*
- **die eigene differente Wahrnehmung von der Situation des Kindes/der SchülerIn „dazustellen" (nicht „dagegenzustellen"):** *„Wir erleben Ihr Kind/Ihren Sohn/Ihre Tochter hier in der Schule anders, er spielt mit MitschülerInnen in der Pause, ist aktiv im Unterricht ..."*
- **und einen konkreten nächsten Schritt zu benennen/zu vereinbaren:** *„Damit wir zusammen Klarheit bekommen, schlage ich vor, dass ich (oder wir) zunächst ein Gespräch mit Ihrer Tochter/Ihrem Sohn oder mit Ihrem Sohn/Ihrer Tochter und der LehrerIn/SchulsozialarbeiterIn führe(n) ..."*
- **einen weiteren Gesprächstermin zu vereinbaren.**

Abstimmung mit den Eltern im Vorfeld der Intervention

Eltern sind vor allem am Wohlergehen ihres Kindes interessiert und zeigen sich erfreut und erleichtert, wenn die Verantwortlichen in der Schule bei Mobbing initiativ werden und beherzt handeln. Dies betrifft sowohl die Eltern von Mobbing-Betroffenen, von Akteuren wie auch die Eltern all der anderen Kinder.

Im Rahmen des NO BLAME APPROACH ist die Informierung der Eltern kein zwingender Bestandteil des Vorgehens. Das Aufgreifen und Bearbeiten von Konflikten ist ein Element der alltäglichen pädagogischen Arbeit, womit nicht automatisch verbunden ist, dass die Eltern der beteiligten Kinder einzubeziehen sind. Eine Information an die Eltern ergibt sich in der Praxis aus der jeweiligen Konfliktlage oder aus der gegebenen Mobbing-Situation oder ist abhängig vom Alter der Schülerinnen und Schüler.

Fragen mit Blick darauf, welche Eltern im Prozess der Arbeit mit dem NO BLAME APPROACH informiert werden sollten, beziehen sich auf

- die Eltern des Schülers oder der Schülerin, der oder die Opfer von Mobbing geworden ist
- die Eltern derjenigen Schüler und Schülerinnen, die während des Unterrichts zur Mitarbeit in die Unterstützungsgruppe eingeladen werden

Informierung/Beteiligung der Eltern des Mobbing-Betroffenen

Wenn sich Eltern melden, die Schulleitung oder Lehrkraft ansprechen mit dem Verdacht, dass ihr Kind das Ziel von Mobbing in der Klasse geworden ist, erwarten sie auch eine Antwort darauf, was in der Schule getan werden wird. Dieses Gespräch mit den Eltern ist (bei gleicher Situationswahrnehmung seitens der Schule) in der Regel ein geeigneter Zeitpunkt, sie über das Vorgehen mit dem NO BLAME APPROACH zu informieren. Eltern, deren Kinder von Mobbing betroffen sind, sind - von Ausnahmefällen abgesehen - mit der Verfahrensweise einverstanden.

Wenn Lehrkräfte oder SchulsozialarbeiterInnen selbst die Mobbing-Situation wahrnehmen und mit dem NO BLAME APPROACH intervenieren wollen, ist es eine häufige Praxis - besonders bei jüngeren SchülerInnen - dass die Eltern vor dem Gespräch mit dem Mobbing-Betroffenen informiert werden.

Zentrale Inhalte des Gesprächs mit den Eltern im Blick auf die Intervention mit dem NO BLAME APPROACH sind:

- die Informationen über die geplanten Aktivitäten
- die Einwilligung der Eltern zum beabsichtigten Vorgehen
- die Bitte an die Eltern, ihr Kind zu unterstützen, Veränderungen in den kommenden Tagen und Wochen wahrzunehmen, Neues anzunehmen
- die Aufforderung, Rückmeldung zu geben, wenn der Prozess aus ihrer Wahrnehmung nicht wie erwartet positiv verlaufen sollte
- die Vereinbarung, in der Zeit der Intervention keine Aktivitäten zu starten, wie beispielsweise die Ansprache von Eltern, deren Kinder als Mobbing-AkteurInnen bekannt sind

Der Vereinbarung mit den Eltern von Mobbing betroffener SchülerInnen, nicht mit Eltern von MitschülerInnen zu sprechen, die in das Mobbing-Geschehen aktiv involviert sind, dient dem Ziel, eine Eskalation zu vermeiden. Nach allen Erfahrungen sind solche Gespräche fast durchweg kontraproduktiv und gefährden die Arbeit mit dem NO BLAME APPROACH. Durch die Absprache zwischen Eltern und Schule wird auch im außerschulischen Bereich abgesichert, dass ohne Beschuldigungen und Sanktionsforderungen gehandelt werden kann.

In Fällen, in denen die von Mobbing betroffenen SchülerInnen älter sind, werden die Eltern nicht verständigt, wenn sich die SchülerInnen das wünschen. Wenn die Schule ein Gespräch mit den Eltern als sinnvoll ansieht, soll dies „im Geist“ der NO BLAME APPROACH-Intervention, das heißt, mit Einverständnis der SchülerInnen geschehen.

Ein anderer Grund, von einer Information der Eltern abzusehen, ist unseres Wissens, wenn die Schule die häusliche beziehungsweise familiäre Situation der SchülerInnen als schwierig einzuschätzen weiß und keine Unterstützung der Eltern erwartet wird.

Informierung/Beteiligung der Eltern der Mitglieder der Unterstützungsgruppe

Eine besondere Information der Eltern von Schülern und Schülerinnen aus der Unterstützungsgruppe ist nicht vorgesehen. In der Regel raten wir hiervon eher ab, da die aktive Informierung das Vorgehen mit dem NO BLAME APPROACH womöglich erschweren und die Durchführung unnötig verzögern kann. Die eingeladenen SchülerInnen können allerdings gerne ihre Eltern über diese Einladung informieren - sie müssen dies aber nicht tun und werden dazu auch nicht verpflichtet.

Eltern lehnen das Vorgehen mit dem No Blame Approach ab

Dass Eltern die Intervention mit dem NO BLAME APPROACH ablehnen, geschieht äußerst selten. Wie weiter oben erwähnt, zeigen sich Eltern zumeist erleichtert, wenn die Schule über geeignete Maßnahmen und Kompetenzen verfügt, die zur Verbesserung der Situation ihres Kindes beitragen.

Auch wenn es ausgesprochen selten vorkommt, gibt es hin und wieder Fälle, in denen Eltern die Arbeit mit dem NO BLAME APPROACH ablehnen. Die Gründe hierfür sind verschiedener Natur:

Abstimmung mit den Eltern im Vorfeld der Intervention

Informierung der Eltern der eingeladenen SchülerInnen der Unterstützungsgruppe

Eltern lehnen das Vorgehen mit dem NO BLAME APPROACH ab.

- Die Eltern sehen in einem **Schulwechsel** (manchmal auch Klassenwechsel) mehr Chancen, die Situation für ihr Kind zu verbessern.
- Die Eltern sind überzeugt, dass im konkreten Fall eine **strafrechtliche Verfolgung** der Mobbing-Handlungen erforderlich und alternativlos ist.
- Die Eltern haben das **Vertrauen in die Schule verloren**, weil diese aus ihrer Sicht zu spät aktiv geworden ist. Das Vertrauen lässt sich auch nicht mehr herstellen.
- Die Eltern **unterstützen** mit der Ablehnung der Intervention die **Position ihres Kindes**, das ihnen gegenüber klar zu verstehen gegeben hat, dass es die Schule wechseln und auf keinen Fall bleiben will.
- Die Eltern wünschen oder **fordern schulische Sanktionen** gegenüber den Mobbing-AkteurInnen, also eine andere Form der Intervention zum Stopp des Mobbing.

Schulwechsel - Wenn die meist schwer errungene Entscheidung für einen Schulwechsel gefallen ist, ist es in der Tat in vielen Fällen so, dass sich die Eltern oder auch Kinder nicht mehr umstimmen lassen.

Dann ist es eine gute Option,

- → sich - wenn möglich - bei den Eltern und dem Kind dafür zu entschuldigen, dass nicht frühzeitig für bessere Lösungen gesorgt werden konnte
- → den Prozess des Schulwechsels in einer für das Kind würdigenden Form zu begleiten, um im Nachhinein zu signalisieren: *„Du bist uns als Schüler/Schülerin wichtig! Es ist schade, dass Du uns verlässt!“*

Juristische Schritte – Wenn bereits juristische Schritte eingeleitet wurden und diese sich auf konkrete strafbare Handlungen beziehen, kann es durchaus sinnvoll sein, die bestehende Mobbing-Situation mit dem NO BLAME APPROACH unter Beteiligung der AkteurInnen aufzulösen. Diese Erfahrung können wir zwar nicht verallgemeinern, jedoch ist sie ein wichtiger Hinweis darauf, dass es sich lohnen kann, das Potential einer Intervention mit dem NO BLAME APPROACH auch unter ungünstigen Rahmenbedingungen intensiv zu prüfen.

Schulische Sanktionen – Soweit die Eltern schulische Sanktionen fordern, ist nachfolgend (siehe Abschnitt „Fragen und Anliegen von Eltern - rund um Schritt 1“) beschrieben, was versucht werden kann.

Verhandlung nächster Schritte – Bleiben die Eltern ablehnend, ist mit ihnen zu verhandeln, was ein Vorgehen sein kann, welches auch die Interessen und pädagogischen Konzepte der Schule berücksichtigt.

Schritt 1: Gespräch mit dem Mobbing-Betroffenen

Fragen und Anliegen von Eltern – rund um Schritt 1

Wie im Kurzüberblick auf den Seiten 8-9 beschrieben, dient das Gespräch mit dem Mobbing-Betroffenen (Schritt 1) dazu, den unter den Mobbing-Handlungen leidenden Schüler oder die Schülerin für das geplante Vorgehen mit dem NO BLAME APPROACH zu gewinnen.

Dieses Gespräch wird von der die Intervention federführend gestaltenden Person (Lehrkraft, SchulsozialarbeiterIn, Schulleitung) mit dem Kind in einem vertraulichen Vier-Augen-Gespräch geführt. In diesem Gespräch entscheidet der Schüler oder die Schülerin, ob er/sie sich auf das vorgeschlagene Vorgehen einlassen will oder nicht.

Dieses Gespräch findet in aller Regel ohne die Teilnahme der Mutter oder des Vaters statt, was seitens der Eltern mit wenigen Ausnahmen so akzeptiert, für gut nachvollziehbar und sinnvoll angesehen wird.

Eltern-Interventionen im Rahmen von Schritt 1

Zu Beginn der Arbeit mit dem NO BLAME APPROACH ergeben sich dann Schwierigkeiten bei der Durchführung, wenn Eltern sich in den Prozess und das Vorgehen einschalten und eine Veränderung des Vorgehens wünschen.

Diese Veränderungsanliegen beziehen sich auf:

- **Änderungen des Gesprächssettings**: Eltern wollen bei dem Gespräch mit ihrem Kind dabei sein, um direkt zu erfahren, worum es in diesem Gespräch geht
- **Grundhaltungen der Arbeit** mit dem NO BLAME APPROACH und **Voraussetzungen seines Gelingens**: Eltern des Mobbing-Betroffenen fordern eine Bestrafung der Mobbing-Akteure
- **die Zusammensetzung des Unterstützungszirkels**: Eltern des Mobbing-Betroffenen wollen nicht, dass die Mobbing-Akteure in die Unterstützungsgruppe eingeladen werden und an ihr mitwirken

Eltern des Mobbing-Betroffenen fordern Bestrafung der Mobbing-AkteurInnen

Es kann vorkommen, dass Eltern eine Bestrafung der Mobbing-AkteurInnen fordern. Diese Handlungsoption steht im Rahmen des Vorgehens mit dem NO BLAME APPROACH jedoch nicht zur Verfügung.

Wenn Eltern des Mobbing-Betroffenen - nachdem das Gespräch mit ihrer Tochter oder ihrem Sohn geführt wurde - anrufen und eine Bestrafung der Mobbing-Akteure fordern, ist das oft Ausdruck von Ärger oder Wut der Eltern über das Leid, das ihr Kind erfahren hat beziehungsweise gerade erfährt.

Gesprächsorientierung

Im Gespräch mit den Eltern ist es dann hilfreich,

- **den Ärger anzunehmen:** *„Ich kann gut verstehen, dass Sie ärgerlich sind ..." - „Ich bin gleichfalls sehr betroffen über das, was hier passiert ist. Genau deswegen habe ich die Initiative ergriffen und möchte nichts unversucht lassen, die Situation für Ihr Kind zu verbessern."*

- **auf die guten Erfahrungen mit** NO BLAME APPROACH **hinzuweisen:** *„Wir haben viele positive Erfahrungen mit dem Vorgehen ..."*

- **das Ziel zu benennen:** *„Mein Anliegen ist es, die Situation für Ihren Sohn/Ihre Tochter nachhaltig zu verbessern. Ich sehe den eingeschlagenen Weg - alternativ zur Bestrafung - als eine sehr gute Chance, genau das zu schaffen."*

- **auf das bereits mit dem Kind geführte Gespräch Bezug zu nehmen:** *„Ich habe mit Ihrem Sohn/Ihrer Tochter gesprochen und er/sie wollte nicht, dass andere MitschülerInnen bestraft werden. Er/sie hatte die Befürchtung, dass dann alles noch schlimmer wird. - Mir ist es wichtig, dass es nicht schlimmer wird für Ihr Kind, sondern dass es ihm gut geht in unserer Schule!"* Alternativ kann gefragt werden: *„Was sagt Ihr Kind zu Ihrem Wunsch nach Bestrafung?"*

- **zu versichern:** *„Ich bin für Ihr Kind da. Es kann mich jederzeit ansprechen."*

- zu sagen: *„Bitte melden Sie sich umgehend, wenn Sie bemerken, dass keine positive Veränderung eintritt."*

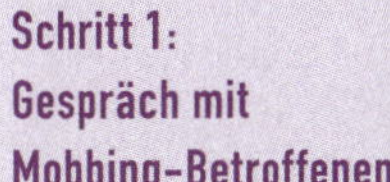

Eltern des Mobbing-Betroffenen wollen nicht, dass die Mobbing-AkteurInnen in der Unterstützungsgruppe sind

Manchmal können sich Eltern von Mobbing betroffener Kinder nicht vorstellen, dass ausgerechnet diejenigen, die aktiv an den Schikanen gegen ihr Kind beteiligt sind, dabei helfen können oder wollen, die schmerzliche belastende Situation für ihre Tochter oder ihren Sohn entscheidend zu verändern.

Die nachstehenden Aspekte können helfen, die Eltern für die Möglichkeit, die AkteurInnen in den Prozess einzubinden, zu öffnen und ihre Zustimmung für die vorgesehene Intervention mit dem NO BLAME APPROACH zu gewinnen.

Gesprächsorientierung

Es hilft im Gespräch mit den Eltern in dieser Situation,

aufzugreifen, dass die schwierige ungute Situation des Kindes gesehen wurde: *„Ich habe gesehen, dass es Ihrem Kind nicht gut geht, und ich kümmere mich darum, dass sich diese Situation schnellstmöglich ändert und es ihm in Zukunft besser gehen wird."*

die Zweifel aufzunehmen: *„Ich kann verstehen, dass Sie sich Sorgen machen, ob die eingeladenen Mitschüler und Mitschülerinnen Ihrer Tochter/Ihres Sohnes dazu beitragen werden, die Situation zu verbessern."* – Und daran anschließend zu versichern: *„Ich kenne meine SchülerInnen. Wenn ich sie frage, mir zu helfen, bin ich überzeugt, dass sie mich unterstützen werden."*

auf gute Erfahrungen zu verweisen: *„Es hat in vielen anderen Fällen, die ähnlich zu denen Ihres Kindes waren, erfolgreich (gut) funktioniert."*

zu betonen: *„Es wird nichts unternommen, was die Situation Ihres Kindes verschlechtern wird."*

zuzusagen: *„Ich bin jederzeit für Ihr Kind ansprechbar, wenn etwas anders verlaufen sollte, und wir können auch gerne ein weiteres Gespräch vereinbaren."*

Schritt 2: Gespräch mit Mitgliedern der Unterstützungsgruppe

Fragen und Anliegen von Eltern – rund um Schritt 2

Die Einladung der Schüler und Schülerinnen in die Unterstützungsgruppe sowie das dann stattfindende Gespräch (Schritt 2) erfolgen generell unabhängig von jeder Elternaktivität. Es handelt sich um eine schulische Maßnahme im Rahmen der pädagogischen Arbeit mit dem Ziel, Lösungen für eine schwierige Situation mit Hilfe von Schülern und Schülerinnen herbeizuführen.

Diese Handlungen bedürfen keiner gesonderten Elterninformation. Dies heißt, die Eltern erhalten keine Benachrichtigung, dass ihr Sohn oder ihre Tochter zu einem Gespräch als UnterstützerIn zur Problembehebung eingeladen wurde.

Die Nicht-Informierung der Eltern der SchülerInnen der Unterstützungsgruppe erfolgt vor dem Hintergrund, dass zum einen nicht jede Konfliktlösungsmaßnahme, die im Rahmen der Schule stattfindet, kommuniziert werden muss. Zum anderen sind die Eltern ohnehin nicht direkt beteiligt. Sie haben auch nicht das Wissen der beteiligten SchülerInnen und würden deshalb verständlicherweise eine Menge Fragen stellen. Derartige Klärungen beanspruchen Zeit und Energie - ohne dass die Problemlösung vorankäme.

Eltern-Interventionen im Rahmen von Schritt 2

Aber auch innerhalb von Schritt 2 begegnen Lehrkräften oder SchulsozialarbeiterInnen hier und da schwierige oder die Arbeit verkomplizierende Herausforderungen durch die Intervention einzelner Eltern, die es konstruktiv zu bewältigen gilt.

Eltern wollen nicht, dass ihre Tochter oder ihr Sohn an den Treffen der Unterstützungsgruppe teilnimmt

Die Motive, warum Eltern dieses Anliegen äußern, sind verschieden. Entsprechend unterschiedlich gestaltet sich das jeweilige Gespräch mit dem Vater oder der Mutter. Uns sind die folgenden Sorgen, Befürchtungen und Begründungen für dieses Verhalten begegnet:

Eltern befürchten, dass ihr Kind zwischen die Fronten gerät

Befürchtung der Eltern ist, dass das eigene Kind durch die Mitwirkung in der Unterstützungsgruppe in der Klasse selbst in eine schwierige Situation kommen könnte. Davor wollen sie ihr Kind bewahren. In diesem Fall gilt wie sonst auch, dass in der Arbeit mit dem NO BLAME APPROACH nicht gegen den Willen einzelner Beteiligter, hier also gegen den Willen der Eltern, gehandelt wird.

Es hat sich in diesen Gesprächen bewährt,

- **Verständnis für die Sorgen der Eltern zu zeigen:** *„Sie machen sich Sorgen, dass Ihr Kind zwischen die Seiten gerät und dann mit der Situation überfordert ist."*
- **darzulegen**, dass die Einladung an den Sohn/die Tochter zum Gespräch in der Gruppe die **freiwillige Teilnahme** beinhaltet.
- **die Kompetenzen des Kindes zu benennen**: *„Ja, es stimmt, ich habe ihr Kind eingeladen mitzuwirken, weil mir aufgefallen ist, dass es sich*

für andere einsetzt. Ich schätze das sehr, gerade auch im Blick auf das gesamte Klima in der Klasse."

- **Sicherheit zu geben**: *„Ich kann für den Fall, dass Sie Ihre Zustimmung geben, sagen, dass Ihr Kind keine Schwierigkeiten bekommen wird und selbst entscheiden kann, in welcher Weise es sich letztlich beteiligen wird."*
- deutlich zu machen, dass der **Wunsch der Eltern akzeptiert wird**: *„Es wird hier nichts gegen Ihren Willen geschehen."*

Eltern wollen ihr Kind vor ungerechtfertigten Anschuldigungen schützen

Hintergrund ist hier häufig, dass die Eltern wissen, dass es Schwierigkeiten in der Klasse gibt, dafür aber nicht ihr Kind verantwortlich ist. Nicht selten äußern die Eltern dann, dass sie vermuten, dass die Schule ihr Kind aktiv in den Mobbing-Konflikt verwickelt sieht, und wollen deshalb genau wissen, warum gerade ihr Kind eingeladen wurde.

Gesprächsorientierung

Hier ist es sinnvoll,

- **den Anlass der Einladung zu beschreiben**: *„Es stimmt, es gibt eine schwierige Situation in der Klasse. Die Erfahrung ist, dass in der Klasse Konflikte und schwierige Situationen gut gelöst werden konnten, wenn dies miteinander geschieht. Im konkreten Fall habe ich Ihren Sohn/Ihre Tochter eingeladen, weil sie eine gute Position in der Klasse hat und..."*
- **Sicherheit zu geben**: *„Mir geht es nicht darum herauszufinden, wer was wann gemacht hat, sondern für die Zukunft eine Basis in der Klasse zu schaffen, gut miteinander auszukommen."*
- **den Gedanken der Unterstützung hervorzuheben**: *„Unsere Verantwortung liegt darin, ein gutes Lernklima für alle zu schaffen. Deshalb wollen wir dafür Sorge tragen, dass es allen Schülerinnen und Schülern gut geht. Meine Bitte an Sie ist, dass auch Sie uns dabei unterstützen. Ihr Sohn/Ihre Tochter kann dabei eine wichtige Rolle spielen, weil ich sie/ihn kennen gelernt habe, als jemand..."*

Eltern wollen nicht, dass ihre Tochter oder ihr Sohn an den Treffen der Unterstützungsgruppe teilnimmt

- **die Entscheidungsfreiheit der Eltern anzusprechen**: *„Natürlich brauchen wir hier Ihre Einwilligung. Die Teilnahme Ihres Kind soll nicht gegen Ihren Willen erfolgen, sondern mit Ihrer Zustimmung."*
- **ein weiteres Gespräch anzubieten**: *„Sie können dann nach dem Gespräch hier in der Schule mit den Schülern und Schülerinnen mit ihrem Kind sprechen, was gewesen ist. Gerne können Sie mich im Anschluss an das Gespräch noch einmal anrufen."*

Das Kind widersetzt sich den Eltern und will dennoch teilnehmen

Unabhängig von den Wünschen der Eltern wollen die betreffenden Schüler oder Schülerinnen oft der Einladung folgen. Wenn dem der ausdrückliche Wille der Eltern entgegensteht,

Gesprächsorientierung

ist es empfehlenswert,

- die **Hilfsbereitschaft zu würdigen** und ausdrücklich anzuerkennen: *„Ich danke Dir, dass Du gerne an dem Treffen, zu dem ich Dich eingeladen habe, teilnehmen möchtest. Ich habe Dich eingeladen, weil ich davon überzeugt bin, dass Du mir helfen kannst. Du weißt, dass Deine Eltern das so jedoch nicht befürworten."*
- **ein Angebot zu machen**: *„Ich schlage vor, dass Du die anderen aus der Klasse nach dem Gespräch fragst, was besprochen wurde. Möglicherweise kannst Du dann Deine Freunde/Deine Freundinnen unterstützen, soweit das nicht dem Wunsch Deiner Eltern widerspricht."*

Eltern eines Mobbing-Akteurs beschweren sich, dass sich viel zu viel um den Mobbing-Betroffenen drehe

Wir halten in diesen Fällen das persönliche Gespräch, Aug in Aug für wertvoll. Zum einen wird damit unterstrichen, dass dem Klärungswunsch der Eltern Bedeutung zukommt, zum anderen sind Aug-in-Aug-Gespräche direkter und bieten die Chance, den Kontakt zwischen Schule und Eltern zu intensivieren.

Gesprächsorientierung

Hilfreich im Gespräch mit den Eltern ist es in diesen Situationen,

das Kommen zu würdigen: *„Ich finde es gut, dass Sie sich an mich gewendet haben und wir nun klären können, was aus Ihrer Sicht problematisch ist."*

zuzuhören: zusammenfassen, spiegeln

Vorwürfe auszuhalten: nicht dagegen reden und stattdessen die dahinterliegenden Interessen hören, wie beispielsweise: *„Sie möchten, dass es eine gute Atmosphäre in der Klasse gibt. Genau das ist auch mein Interesse."*

die Kompetenzen des Kindes zu benennen: *„Ich habe Ihr Kind eingeladen mitzumachen, weil ich beobachtet habe, dass es in einer Reihe von Situationen beruhigend auf andere eingewirkt hat. Das schätze ich sehr."*

zu bestätigen, dass es in der Tat eine schwierige Situation in der Klasse gibt. Wichtig ist hier, nicht die von Mobbing betroffene SchülerIn zu problematisieren

die eigene Position deutlich zu machen, dass es die eigene Aufgabe und Verpflichtung ist, dafür zu sorgen, dass es allen Kindern in der Klasse gut geht, sie sich wohlfühlen und mit Freude am Unterricht teilnehmen können

die Vorgehensweise des NO BLAME APPROACH **zu erklären** und die Eltern um ihre Unterstützung zu bitten

vorhandene Sorgen der Mutter/des Vaters aufzugreifen und dafür einen Lösungsvorschlag zu machen

zu vereinbaren, in Kontakt zu bleiben: *„Bitte rufen Sie mich erneut an, wenn etwas ist."*

Schritt 2: Gespräch mit Mitgliedern der Unterstützungsgruppe

Eltern-Interventionen rund um Schritt 2

Eltern eines Mobbing-Akteurs beschweren sich, dass sich alles um den Mobbing-Betroffenen drehe

Eltern wollen wissen, welche Rolle ihr Kind im aktuellen Mobbing-Fall spielt

Eltern wollen wissen, welche Rolle ihr Kind im aktuellen Mobbing-Fall spielt

Wenn Eltern erfahren wollen, welche Rolle ihr Kind im aktuellen Fall spielt, ist dies meist damit verknüpft, dass sie beabsichtigen, sollte ihr Kind aktiv am Geschehen beteiligt sein, darauf mit Sanktionen zu Hause zu reagieren. Bestrafungen seitens der Eltern als zusätzliche Intervention können sich kontraproduktiv auf den bereits begonnenen Veränderungsprozess in der Schule auswirken. Im Sinne der grundsätzlichen Vorgehensweise mit dem NO BLAME APPROACH ist es in diesem Gespräch Ziel, auch diese Eltern für den Weg des NO BLAME APPROACH zu gewinnen.

Gesprächsorientierung

Es ist für das Gespräch förderlich,

- **zunächst zu erläutern, wieso die Tochter/der Sohn in die Unterstützungsgruppe eingeladen wurde**: *„Sie fragen sich, warum Ihr Sohn/Ihre Tochter in die Gruppe eingeladen wurde und welche Rolle er/sie im aktuellen Fall spielt. Das kann ich gerne beantworten. Mir ist aufgefallen, dass Ihr Sohn/Ihre Tochter sehr verbindlich und verlässlich ist und ich deswegen überzeugt bin, dass er/sie mich und die Klasse unterstützen kann, die jetzige Situation in der Klasse zu verbessern.“*

- **zu klären, was das Anliegen hinter der Frage ist**: *„Das beantwortet Ihre Frage vielleicht noch nicht ganz. Was genau möchten Sie noch weiter wissen?“* – Die Antwort auf diese Frage geht in diesen Gesprächssituationen in die Richtung, dass angenommen wird, dass das eigene Kind ein Verhalten gezeigt hat, dass nicht ohne Konsequenzen zu Hause bleiben soll.

- **die Lösungsorientierung der Interventionen zu verdeutlichen**: *„Das Wunderbare an dieser Intervention ist, dass wir nicht in die Vergangenheit schauen. Um die Situation in der Klasse zu verbessern, müssen wir gar nicht wissen, wer welche Rolle gespielt oder was getan hat. Wir richten unseren Blick nach vorne und nutzen unsere Energie und die Ressourcen der Kinder, damit alle Kinder wieder gerne in die Schule kommen.“*

- **auf die konstruktiven Potentiale des Vorgehens hinzuweisen, beispielsweise durch:**

  - *„Ich kann mir vorstellen, dass es Ihrem Kind auch nicht gut geht.“*
  - *„Es ist für Ihre Tochter/Ihren Sohn eine gute Möglichkeit, die Situation zu verändern, ohne das Gesicht zu verlieren und ohne dass es peinlich ist vor den anderen.“* oder

- *„Es ist eine gute Erfahrung, dass Ihre Tochter/Ihr Sohn mit den eigenen Ressourcen eine bedrückende Situation verändern kann.“*
- *„Es ist eine Möglichkeit, etwas wieder gut zu machen, aber nicht als Strafe, sondern als UnterstützerIn mit den eigenen Ideen, so wie er/sie es gerade kann.“*
- *„Es ist eine gute Chance, dass Ihr Kind die eigenen Stärken nicht nur destruktiv, sondern konstruktiv einsetzen kann.“*

um Unterstützung zu bitten: *„Wir haben viele gute Erfahrungen mit einem Vorgehen ohne Bestrafung gemacht. Mein Anliegen ist es, die Situation in der Klasse entscheidend zu verbessern und ich setze da auch auf Ihren Sohn/Ihre Tochter. Ich sehe den eingeschlagenen Weg - alternativ zur Bestrafung - als eine sehr gute Chance, das auch zu erreichen. Es wäre sehr wertvoll und unterstützend, wenn Sie diesen Weg mit uns gehen.“*

In der Regel waren die Eltern bereit, das Vorgehen der Schule zu unterstützen, und haben ihre ursprüngliche Idee, ihr Kind zu sanktionieren, fallen gelassen.

Eltern sind erschrocken darüber, dass ihr Kind mobbt, und suchen Unterstützung und Hilfe für einen richtigen Umgang damit

Hin und wieder haben sich Eltern an die Schule gewandt, weil sie erschrocken darüber waren, dass ihr Kind aktiv in einen Mobbing-Fall verwickelt ist. Sie waren darauf aufmerksam geworden, nachdem ihr Kind in die Unterstützungsgruppe eingeladen worden war. Sie machen sich Sorgen, sind ratlos und wollen wissen, was sie tun können.

Es hilft den Eltern, wenn Sie Ihnen sagen, welche Kompetenzen das eigene Kind im aktuellen Fall in die Unterstützungsgruppe einbringt. Wenn bereits positive Veränderungen der Situation eingetreten sind, ist das ein weiterer Aspekt, der mitgeteilt werden kann und - soweit bekannt - welche hilfreiche Rolle der Sohn oder die Tochter dabei eingenommen haben.

Detaillierte Hinweise, was Eltern tun können, wenn sie feststellen, dass ihre Kinder aktiv in einen Mobbing-Fall involviert sind, sind ab Seite 54 zusammengestellt.

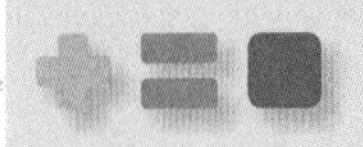

Einzelne Eltern sehen in dem Mobbing-Betroffenen den Schuldigen und fordern dazu auf, Maßnahmen gegen den Betroffenen zu ergreifen

Es kommt vor, dass Eltern die Auffassung vertreten, dass der Mobbing-Betroffene selbst und nicht die gegen ihn gerichteten Handlungen das Problem sind. Sie wehren in diesem Fall die Teilnahme ihres Kindes an der Unterstützungsgruppe ab und fordern die Verantwortlichen der Schule auf, sich mit dem eigentlichen Problem auseinanderzusetzen: nämlich mit dem Schüler oder der Schülerin, von dem/der die Rede ist, und notwendige Maßnahmen gegen das von Mobbing betroffene Kind zu ergreifen. Auch kann es vorkommen, dass Eltern, wenn sie wissen oder vermuten, dass ihr Sohn oder ihre Tochter aktiv in das Mobbing-Geschehen involviert sind, sich durch Abwehr des Hilfeersuchens schützend vor das eigene Kind stellen.

Was lässt sich in diesem Fall tun?

Eine Chance, die Situation dennoch zu klären, kann in diesen Fällen darin liegen, die Eltern der in das Mobbing verwickelten Kinder einzuladen, ihnen die Intention des NO BLAME APPROACH zu verdeutlichen und sie für die Unterstützung des begonnenen Prozesses zu gewinnen.

Im Rahmen des Gesprächs mit den Eltern der AkteurInnen können – in Anlehnung an den NO BLAME APPROACH – folgende Vorgehensschritte Sinn machen:

- die problematische Klassensituation, in die der Sohn oder die Tochter geht, zu beschreiben;
- die eigene Position deutlich zu machen, dass es Aufgabe und Verpflichtung der Schule ist, dafür zu sorgen, dass alle Kinder ohne Angst vor Schikanen in die Schule kommen können;
- die Eltern keinesfalls zu beschuldigen, in der Erziehung versagt zu haben, sondern vielmehr ihr Interesse an den Geschehnissen in der Schule und an ihrem Kind zu begrüßen und wertzuschätzen;
- den Eltern die Vorgehensweise des NO BLAME APPROACH zu erklären und sie um ihre Unterstützung zu bitten;
- Verständnis dafür zu zeigen, wenn Eltern ihre Kinder verteidigen, und gleichzeitig weiter beharrlich die Unterstützung der Eltern anzufragen;
- Ideen zu entwickeln, wie die Eltern den Prozess unterstützen können;
- Nachgespräche zu vereinbaren, um über das Ergebnis zu informieren.

Wenn Konflikte zwischen Eltern die erfolgreiche Intervention gefährden ...

Der Erfolg einer Intervention mit dem NO BLAME APPROACH ist manchmal gefährdet, wenn gleichzeitig mit dem Mobbing-Geschehen in der Klasse die Eltern der verschiedenen Beteiligten miteinander im Konflikt sind. Hin und wieder ist das Mobbing in der Klasse mit dem Konflikt der Eltern untereinander verknüpft. In anderen Fällen geraten die Eltern erst durch das Mobbing in einen Konflikt miteinander. Diese Konfliktkonstellationen können nachteilige Wirkungen auf die Maßnahmen der Schule ausüben.

Nach unserem bisherigen Wissen versuchen Eltern im ungünstigen Fall ihren Kindern dann zu untersagen, in der Unterstützungsgruppe mitzumachen, oder melden sich mit Beschwerden gegen den von Mobbing betroffenen Schüler oder gegen dessen Eltern bei Lehrkräften und/oder der Schulleitung.

Elternkonflikte und die daraus resultierenden Handlungen wirken einer vorhandenen Bereitschaft der Schülerinnen und Schüler, das Mobbing-Problem anzugehen und zu lösen, entgegen und haben in diesen Fällen eine konstruktive Lösung erschwert oder sogar verhindert.

Anderseits ist es Schulen auf verschiedene Weise gelungen, untereinander zerstrittene Eltern erfolgreich in den Veränderungsprozess mit einzubeziehen.

Wenn Konflikte zwischen Eltern die erfolgreiche Intervention gefährden ...

Mediatives Klärungsgespräch zwischen den Eltern

Es gibt zwar keinen direkten Auftrag an Schulen, einen Konflikt zwischen Eltern anzugehen. Jedoch besteht die Chance, die bestehenden „Querelen“ zu beseitigen oder zumindest Vereinbarungen zu treffen, die förderlich für den weiteren Prozess der Interventionen gegen Mobbing sind, wenn es gelingt, die Eltern für ein mediatives Gespräch an einen Tisch zu bekommen.

Es ist hilfreich, wenn die Gespräche von Personen geführt werden, die auch über Grundkenntnisse der Mediation verfügen. Diese unterstützen, die Zusammenkunft in einer guten Form zu gestalten und zu einem guten Ergebnis zu führen.

Wenn Eltern, deren Kind von Mobbing betroffen ist, oder Eltern von Mitschülern aus der Unterstützungsgruppe im Prozess der Arbeit mit dem NO BLAME APPROACH auf Konflikte hinweisen, ist dies der Zeitpunkt, ihnen anzubieten, ein gemeinsames Gespräch zur Klärung der bestehenden Differenzen zu führen und bei Zustimmung zeitnah einen Termin zu vereinbaren. Vor dem Hintergrund einer Mobbing-Situation werden dann zuerst die Eltern der von Mobbing betroffenen SchülerInnen gefragt, ob sie sich darauf einlassen können. Dieser Weg der begleitenden Konfliktbearbeitung mit den Eltern hat sich insbesondere auch bewährt, wenn der NO BLAME APPROACH von schulexternen BeraterInnen durchgeführt wurde.

Elternabend in der Klasse

Das nachfolgende Konzept[1] für einen Elternabend im Rahmen der Intervention mit dem NO BLAME APPROACH ist entstanden, weil sich in einigen Mobbing-Fällen zeigte, dass die positive Arbeit in der Schule mit dem NO BLAME APPROACH aufgrund von destruktiven Aktivitäten der Eltern (gegenseitige Anrufe, Konflikte zwischen den Eltern ...) wieder umgestoßen oder massiv gestört wurde. Die Handlungen und Eskalationen zwischen den Eltern konnten erst durch eine ergänzende oder weitere von der Schule initiierte Maßnahmen gestoppt werden.

Wenn sich aufgrund von elterlichen Störfeuern zeigt, dass der Erfolg der Intervention zum Stopp von Mobbing gefährdet scheint, werden die Eltern der Klasse, in der es eine Mobbing-Problematik gibt, zu einem Elternabend mit Schwerpunkt „Mobbing“ eingeladen.

[1] Dieses Elternabendkonzept im Rahmen einer NO BLAME APPROACH-Intervention wurde von Bärbel Buchwald, Schulsozialarbeit des V.I.E. e.V. im Rhein-Taunus-Kreis, entwickelt.

Zielsetzung und Zielorientierung des Elternabends

Entsprechend der Zielsetzung des NO BLAME APPROACH ist es Ziel des Elternabends, die Eltern quasi als weitere Unterstützungsgruppe für die positive Veränderung einer schwierigen Situation in der Klasse zu gewinnen.

Organisationsrahmen des Elternabends

Organisiert wird der Elternabend von nachfolgenden Personen bzw. FunktionsträgerInnen:

Elternbeirat/ Elternvertretung	als Vertreter der Eltern! Er ist zuständig für Einladung und Moderation des Treffens
Pädagogische Leitung der Schule	als VertreterIn der Schule; nicht der/die KlassenlehrerIn
SchulsozialarbeiterIn	als Fachmann/-frau für das Thema (NICHT für die Klasse bzw. die einzelnen Beteiligten) und die Methode des NO BLAME APPROACH
SchulpsychologIn	als „vertrauensbildende Maßnahme", da sie als AnsprechpartnerIn sowohl für Schule wie auch Eltern zur Verfügung steht

Um die Eltern von Grund auf in den Prozess einzubinden, ist es wichtig, dass dies schon mit der Einladung beginnt. Die Einladung erfolgt deshalb durch die Elternvertretung. Aufgabe der Elternvertretung ist es zudem, den Abend zu moderieren. Inhaltlich wird der Abend von der SchulsozialarbeiterIn gestaltet (oder von einer anderen Person, die als ExpertIn für den NO BLAME APPROACH fungiert), der pädagogischen Leitung der Schule sowie der SchulpsychologIn. Diese ist nicht nur Fachperson für das Thema Mobbing, sondern hat qua Amt die Rolle inne, AnsprechpartnerIn sowohl für Eltern wie für die Schule zu sein. Alternativ kann auch die Schulleitung teilnehmen, da auch der Leitung seitens der Eltern in aller Regel Sachautorität zugestanden wird.

Die Einladung wird kurzfristig organisiert, sobald sich zeigt, dass die Eltern nach Beginn der Intervention mit dem NO BLAME APPROACH aktiv werden. Vor diesem Hintergrund wird die Einladung auch nicht mit den Eltern des betroffenen Kindes abgestimmt. Um diese und ihr Kind zu schützen, wird am Elternabend konsequent auf konkrete Situationen oder Namen nicht eingegangen.

Sitzordnung im Elternabend ist ein Stuhlkreis. Bewusst wird nicht nur das übliche Setting verändert, sondern der Raum auch vorher atmosphärisch freundlich vorbereitet. Auf eine Vorstellungsrunde wird verzichtet und zügig ins Thema eingestiegen.

Wenn Konflikte zwischen Eltern die erfolgreiche Intervention gefährden …

Elternabend in der Klasse

Ablauf des Elternabends

Klare Leitlinie ist, dass in Bezug auf den konkreten Mobbing-Fall im Laufe des Abends keine Namen fallen und Diskussionen darüber auch gestoppt werden. Das ist von besonderer Bedeutung, da an diesem Elternabend auch die Eltern des betroffenen Kindes teilnehmen.

Nach der Begrüßung durch die pädagogische Leitung wird der thematische Einstieg über das „Hereinholen" der eigenen Erfahrungen der Teilnehmenden zum Thema Mobbing (Methode: 4-Ecken-Positionierung - siehe Seite 41) gestaltet. Daran schließt sich ein kurzer Beitrag an, in dem erklärt wird, was Mobbing ist und was nicht. Das ist für viele Eltern neu und hilft ihnen zu unterscheiden, was normale Konflikte sind und was Mobbing ist. Insbesondere wird verdeutlicht, dass Mobbing als System zu verstehen ist, in dem jede und jeder mitwirkt, auch wenn sich nicht aktiv am Mobbing beteiligt wird. Im Blick auf die Kinder wird dargelegt, dass es wesentlich hilfreicher ist zu fragen *„Wozu dient das?"* als zu fragen *„Warum machen sie das?"*. So wird verständlich gemacht, dass Ausgangspunkt der weiteren Überlegungen ist, dass das Handeln der Kinder aus ihrer Sicht Sinn macht und ein Ziel hat. Mit diesem Blickwinkel wird den Kindern eben nicht Gemeinheit oder ein schlechter Charakter unterstellt - und die Eltern werden entlastet.

Der Ablauf des Elternabends in Stichworten

Elternbeirat	Begrüßung, Vorstellung der Gäste
Pädagogische Leitung der Schule	Wertschätzung der Eltern, Betonung der Notwendigkeit, sich als Schule/ Schulgemeinschaft bei Mobbing einzuschalten: *„Unsere Schule arbeitet mit dem NBA-Ansatz", „Wir (oder die Schulsozialarbeit…) sind darin ausgebildet."*
SchulsozialarbeiterIn als Expertin für den NO BLAME APPROACH - Idee ist, dass dieser Part von einer Person durchgeführt wird, die zwar den NO BLAME APPROACH kennt, aber nicht die Klasse -	◆ 4-Ecken-Positionierung (siehe Arbeitsunterlage) zur Hinführung der Eltern an das Thema Mobbing. Über die eigene Positionierung kommt es zum Austausch über persönliche Erfahrungen und Empfindungen (Achtung: Nicht über die Klasse bzw. die Kinder sprechen!) ◆ Kurzer Input: Was ist Mobbing?/Wie erkenne ich Mobbing? ◆ Weiterer kurzer Input: Wie arbeitet der NO BLAME APPROACH als Intervention im Fall von Mobbing? ◆ Eltern als Unterstützergruppe ansprechen und gewinnen: „Wir brauchen Ihre Hilfe!" „Sie können Gutes tun!" „Sie können zur Veränderung beitragen!"
SchulpsychologIn	◆ Was können Eltern tun? Die Eltern werden hier erneut als Unterstützer und Helfer angesprochen. ◆ Fragen der Eltern beantworten.
Elternbeirat	Verabschiedung

Im nächsten Schritt wird der NO BLAME APPROACH erläutert sowie das Ziel der Schule, wenn sie mit diesem Ansatz arbeitet.

Eine zentrale Botschaft ist: *„Unsere Schule, wir, schauen hin, wir schauen nicht weg. Wir arbeiten in Mobbing-Fällen mit dem NO BLAME APPROACH. Wir haben uns aus pädagogischen Gründen entschieden, so vorzugehen."* Und hier werden die Eltern gebeten, zu unterstützen, zu helfen und mitzuwirken.

Anschließend ist Raum, Fragen an die SchulpsychologIn oder die Schulleitung zu stellen. Immer wieder aufbrechende Tendenzen in der Runde der TeilnehmerInnen, über den akuten Fall zu sprechen, werden unterbrochen und umgeleitet. Vorwürfe und Beschuldigungen werden gestoppt. Wie in der Unterstützungsgruppe der SchülerInnen wird deutlich gemacht, dass es nicht hilfreich ist, sich darüber auseinanderzusetzen, wer wann was getan oder gesagt hat oder wer (mehr) Schuld hat, sondern dass es darum geht, für ein gutes Miteinander in der Klasse morgen und in Zukunft zu sorgen.

Die Erfahrung der Schulsozialarbeit im Rhein-Taunus-Kreis ist, dass in den Fällen, in denen so vorgegangen wurde, die störenden Aktivitäten der Eltern gestoppt werden konnten bzw. soweit eingedämmt wurden, dass der Mobbing-Fall in der Schule gelöst werden konnte. Die Eltern der betroffenen Klassen sind der Einladung zu diesen Elternabenden nachgekommen. In wenigen Fällen, in denen die aktivsten Eltern der Einladung nicht folgten, ist die Schulsozialarbeit nachfolgend zu den Eltern nach Hause gegangen, um mit ihnen das persönliche Gespräch zu suchen. Das hat bewirkt, dass die Eltern sich im weiteren Verlauf zumindest zurückgehalten haben.

Methode „4-Ecken-Positionierung“ zum Thema Mobbing

Grundgedanke:

Eine Gruppe äußert sich ohne Worte zu einem „heiklen“ Thema, indem die Gruppenmitglieder ihre Haltung im Raum aufstellen. Es wird einerseits individuell sichtbar Position bezogen, man findet sich andererseits aber auch mit anderen Eltern zusammen (in der Regel in wechselnder Konstellation) wieder.

Erst nach verschiedenen Positionierungen wird das Thema im nächsten Schritt verbalisiert. Begonnen wird mit einem Austausch über Erfahrungen und Empfindungen nach und während den Positionierungen.

Durchführung:

Jede Ecke des Raumes steht für die Haltung zu einer Aussage (gut leserlich in den Ecken aufhängen), die TeilnehmerInnen der Gruppe kommen in der Mitte des Raumes zusammen und verteilen/positionieren sich dann zu der jeweiligen Aussage. Dann kommt man wieder in der Mitte zusammen und verteilt sich erneut bei der nächsten Aussage. Es muss eine Ecke geben, die es erlaubt, sich nicht zu äußern.

Die vier Ecken am Elternabend sind:

JA	Ich kann mich nicht entscheiden
Dazu möchte ich mich nicht äußern	NEIN

*Wenn sich die Eltern zugeordnet haben, wird **nicht** in die Ecken „reingehört“, um eventuelle gegenseitige Vorwürfe möglichst zu verhindern. Die Fragen und Positionierungen wirken in der Stille, schlicht durch die gegenseitige Wahrnehmung.*

Die Aussagen zum Thema Mobbing am Elternabend sind:

- → Wer gemobbt wird, ist selbst dran schuld
- → Ich kann mir vorstellen, dass mein Kind mobbt
- → Ist doch alles nicht so schlimm, das regelt sich von selbst
- → Mobbing-Opfer müssen an ihrem Verhalten was ändern
- → Mobbing macht krank

Was können Eltern tun?

Was können Eltern tun, wenn ihr Kind von Mobbing betroffen ist?

Wie Eltern selbst Mobbing erkennen können, ist eine Frage, die viele Eltern stellen, um selbst möglichst frühzeitig etwas tun zu können, um ihr Kind zu unterstützen oder die Situation zu verändern. Die Schule kann hier Hilfestellung geben, indem sie Eltern **Informationsmaterial zur Verfügung stellt**.

Was diese **Materialien** für Eltern enthalten können, haben wir nachfolgend zusammengestellt und so weit möglich so formuliert, dass **die Texte als Bausteine**[1] direkt in eigene Informationsmaterialien **übernommen werden können**:

„Wie Sie (Eltern) Mobbing von alltäglichen Konflikten unterscheiden können."

„Wie Sie (Eltern) Mobbing erkennen können."

„Was Sie (Eltern) jetzt nicht tun sollten."

„Was wir als Schule in Mobbing-Fällen tun."

„Was Sie (Eltern) tun können."

[1] Die wichtigsten Textbausteine stellen wir Schulen, die mit dem NO BLAME APPROACH arbeiten, im „Internen Bereich" unserer Homepage (www.no-blame-approach.de) als Download zur Verfügung. Siehe auch „Elterninformation zu Mobbing", zu bestellen unter: www.no-blame-approach.de/materialbestellungen.html.

Wie Eltern Mobbing von alltäglichen Konflikten unterscheiden können

Die unter Schülern und Schülerinnen vorkommenden alltäglichen Konflikte können individuell als sehr belastend erlebt werden, vor allem dann, wenn diese Konflikte in destruktiver Weise ausgetragen werden. Jedoch sind diese Konflikte, auch wenn sie lange andauern, nicht mit Mobbing gleichzusetzen.

Wenn von Mobbing gesprochen wird, hat man es in der Regel mit einer Situation zu tun, in der Sie folgende Aspekte vorfinden:

Mobbing

- **Gewalttätige Handlungen**
- **Wiederholte, über einen längeren Zeitraum anhaltende, destruktive Aktionen**
- **Verdeckte Angriffe**
- **Kräfteungleichgewicht**
- **Lösungen werden nicht gesucht**
- **Eigene Aktivitäten zur Befreiung aus der Situation scheitern**

Gewalttätige Handlungen

Die Betroffenen haben unter nonverbalen, verbalen, psychischen und körperlichen Attacken sowie der Beschädigung oder dem Entwenden ihres Eigentums zu leiden. Die Mobbing-Handlungen zielen auf die Beschädigung des Ansehens in der Gemeinschaft sowie die Isolierung, Ausgrenzung und die Zerstörung der sozialen Beziehungen.

Wiederholte, über einen längeren Zeitraum anhaltende, destruktive Aktionen

Die verschiedenen schikanierenden Attacken richten sich gegen die immer gleiche „Zielperson“ und nicht gegen wechselnde Mitschüler und Mitschülerinnen. Die permanenten Wiederholungen, die nicht durch unterbindende Interventionen gestört oder aufgehalten werden, etablieren das Mobbing.

Verdeckte Angriffe

Mobbing-Handlungen sind für Eltern wie auch für die Lehrkräfte häufig nicht direkt zu erkennen. Die Akteure und Akteurinnen führen ihre Aktionen möglichst im Verborgenen durch.

Kräfteungleichgewicht

Die Betroffenen stehen allein, mehrere aus der Gruppe sind aktiv an den Mobbing-Handlungen beteiligt, niemand hilft. Viele schauen zu und dulden, was passiert.

Lösungen werden nicht gesucht

Mobbing hört für gewöhnlich nicht von alleine auf. Es geht den Mobbing-AkteurInnen nicht darum, eine Lösung für ein Problem herbeizuführen, sondern Ziel der Attacken ist die andere Person selbst, aus deren Unterlegenheit sie ihren eigenen überlegenen Status kontinuierlich ableiten und beweisen.

Eigene Aktivitäten zur Befreiung aus der Situation scheitern

Die dem Betroffenen zur Verfügung stehenden eigenen Ressourcen reichen nicht aus, sich vor den Schikanen der Akteure und Akteurinnen erfolgreich zu schützen. Dies ist jedoch nicht als Defizit des Kindes zu betrachten. Vielmehr zeugt das lange Aushalten der Betroffenen in dieser Situation von enormer Stärke und Courage, sich immer und immer wieder an den Ort des üblen Geschehens zu begeben.

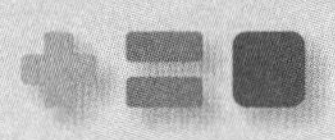

Wie Eltern Mobbing erkennen können

Auch wenn es in der Regel ein allgemeines Grundverständnis davon gibt, was unter Mobbing zu verstehen ist, hilft dieses Wissen jedoch noch nicht wirklich dabei, Mobbing zu erkennen und auf Mobbing-Dynamiken aufmerksam zu werden, die das eigene Kind betreffen.

Die Gründe, weshalb betroffene Kinder nicht selbst auf ihre Lage aufmerksam machen, sind verschieden und sind im unten stehenden Feld zusammengefasst.

Gründe dafür, warum Kinder nicht über Mobbing-Geschehnisse reden, sind:

- → Angst vor Verschlimmerung
- → Normalitätsempfinden: „So ist es immer."
- → Resignation: „Es hat keinen Sinn, etwas zu sagen. Es lässt sich nicht ändern!"
- → Die Situation wird als äußerst peinlich und beschämend empfunden, was damit einhergehen kann, dass die Situation „weggeleugnet" wird
- → Annahme oder Überzeugung, dass die Erwachsenen nicht helfen können
- → Angst vor der Reaktion der Eltern
- → Schuldzuweisungen
- → Ratschläge, die das Kind nicht befolgen kann
- → Befürchtung, dass Aktionen der Eltern eine Verschlechterung der Situation herbeiführen

In der Regel können Eltern Mobbing-Handlungen, die sich gegen ihr Kind richten, nicht direkt selbst beobachten, da sie nicht dabei sind. Sie können jedoch **Signale wahrnehmen**, die auf Mobbing hindeuten. Und sie können durch das **Einholen der Meinung und Perspektive anderer Personen** zusätzliche Informationen gewinnen, die helfen, die Situation einzuschätzen.

Zu beobachtende Signale

Wichtig: Nicht jedes einzelne Signal für sich heißt – wenn Sie es bei Ihrem Kind wahrnehmen – dass Sie es mit Mobbing zu tun haben. Wenn jedoch mehrere der unten aufgeführten Signale zusammenkommen und auf Ihr Kind zutreffen, kann es sein, dass Ihr Kind das Ziel von Mobbing ist.

Folgende Signale sind wichtig für das Wahrnehmen einer möglichen Mobbing-Problematik Ihres Kindes:

→ Verhaltensänderungen
  - Rückzug, still sein, inaktiv werden, bedrückt und/oder ängstlich wirken
  - Ständige Unruhe, Nervosität, plötzliche scheinbar aus dem Nichts kommende aggressive Verhaltensweisen

→ Zeigt körperliche Veränderungen wie starke Ab- oder Zunahme

→ Kommt jeden Tag weinend nach Hause

→ Will nicht mehr zur Schule gehen oder weigert sich, in die Schule zu gehen

→ Zeigt immer häufiger psychosomatische Beschwerden wie Kopf- oder Bauchschmerzen

→ Es fehlen wiederholt Schulsachen oder sind kaputt

→ Verliert angeblich immer wieder Geld oder braucht immer wieder Geld

→ Will zur Schule gefahren werden

→ Will nicht an Klassenfahrten teilnehmen

→ Versucht, den Sportunterricht zu vermeiden

→ Erhält keine Einladungen mehr zu Kindergeburtstagen, Parties ...

→ Freunde und Freundinnen ziehen sich zurück

→ Schulleistungen lassen deutlich nach

→ Andere Kinder erzählen, dass Ihr Kind immer alleine ist

→ MitschülerInnen kommen nicht, wenn Ihr Kind krank ist, um Hausaufgaben oder andere Informationen vorbeizubringen

Weitere Perspektive gewinnen

Um die eigenen Wahrnehmungen zu überprüfen, ist es nützlich, zusätzliche Informationen durch andere Personen zu erhalten. Je nach Situation, vorhandenen Kontakten und Vertrauen können Sie auf folgende Personen zugehen und fragen, was sie beobachtet und wahrgenommen haben.

- → Lehrkräfte des Kindes: Klassenleitung, Vertrauens- oder Beratungslehrkräfte, Fachlehrkräfte
- → SchulsozialarbeiterInnen
- → Eltern von MitschülerInnen
- → MitschülerInnen des eigenen Kindes, zu denen ein guter Kontakt besteht
- → MitarbeiterInnen von Jugendzentren, wenn diese mit der Schule des eigenen Kindes kooperieren

Fragen Sie jedoch nicht: *„Wird mein Kind Deiner/Ihrer Meinung nach gemobbt?“*, sondern sagen Sie: *„Ich mache mir Sorgen um ... Ich habe den Eindruck, dass es ihr/ihm nicht gut geht in der Schule. Mich interessiert, wie Dein/Ihr Eindruck ist, was Du/Sie wahrnimmst/wahrnehmen oder siehst/sehen.“*

Was Eltern jetzt nicht tun sollten

Beratungsstellen, Eltern und Schulen haben Erfahrungen gesammelt, welche Aktionen in der Mehrzahl der Fälle nicht helfen, die Situation zu verbessern, und von denen deshalb abgeraten wird:

→ **mit den Eltern der AkteurInnen Kontakt aufzunehmen**: Meist stellen sich die betreffenden Eltern schützend und rechtfertigend vor ihr Kind, was zur Folge hat, dass nun die Eltern in einen Konflikt miteinander geraten. Konstruktive Lösungswege werden so erschwert oder verhindert. Manche Eltern reagieren auch mit Bestrafungen ihrer Kinder, was sich ebenso negativ auf die Situation ihres Kindes auswirkt.

→ **die Mobbing-AkteurInnen selbst zu konfrontieren**: Diese interpretieren das leicht als Schwäche Ihres Kindes und agieren weiter, manchmal auch mit noch mehr Aktionen.

→ **die Situation zu verharmlosen**, wenn Ihr Kind von sich aus über seine schwierige Lage spricht: „Das ist nicht so schlimm!“, „Ignorier die einfach!“

→ **Ratschläge zu geben**, die Ihrem Kind nicht wirklich helfen: *„Du musst Dich besser wehren!“* – Wie? – gegen eine Übermacht? – *„Du musst Dir ein dickeres Fell anschaffen!“*

→ **das eigene Kind zu beschuldigen**: *„Irgendetwas musst Du doch machen, dass die anderen Dich so behandeln!“*

Wichtiger Hinweis:

Niemand, der Ziel von Mobbing ist, ist Schuld an dieser Entwicklung. Vielfach wird jedoch angenommen, dass es von bestimmten Eigenschaften oder Verhaltensweisen abhängt, wer Opfer von Mobbing wird und wer nicht. Im Blickfeld stehen schwache und ängstliche Kinder mit wenig Selbstbewusstsein und mangelnder Fähigkeit, sich zu wehren. Darüber hinaus Menschen mit Behinderungen, anderer Nationalität, nicht konformer Kleidung oder körperlich besonderen Merkmalen.

Wissenschaftliche Untersuchungen bestätigen dieses Bild vom besonderen „Mobbing-Opfer-Typ“ allerdings nicht. Vielmehr zeigt sich, dass es eben nicht die genannten klassischen Merkmale sind, die ein Kind zum Opfer werden lassen, sondern dass in der Realität die Rolle des Opfers „jeder Schülerin und jedem Schüler zugeschoben werden kann“.

Die Gründe für Mobbing sind willkürlicher Natur. Die Akteure und Akteurinnen „dichten" den Betroffenen eine Abweichung vom „Normalen" in Bezug auf Kleidung, Aussehen, schulische Leistung, Verhalten, Nationalität etc. in Abhängigkeit von den jeweiligen gerade gegebenen Regeln und Normen in der Gruppe an und rechtfertigen darüber ihre gegen das „Opfer" gerichteten Handlungen. Sie geben darüber hinaus damit dem Betroffenen die Schuld für das Mobbing. In erster Linie bringt die in der Klasse vorzufindende Gruppenkonstellation in ihrer Gesamtheit und deren Regeln und Normen die Mobbing-Problematik hervor.

Auch wenn Sie zweifeln und Ihr Kind, wie wir auch von Eltern selbst gehört haben, „nicht immer leicht zu nehmen ist", es gilt dennoch: Was immer auch vorgefallen sein mag, all dies rechtfertigt nicht, auf ein Problem mit Mobbing zu reagieren.

→ **zu allen Gesprächen mit Lehrkräften Ihr Kind mitzunehmen**: Sie können offener über Ihr Anliegen und Ihre Befürchtungen sprechen, wenn Sie allein das Gespräch mit den Lehrkräften suchen. Zudem ist es eine zusätzliche Belastung für Ihr Kind, wenn in dem Gespräch deutlich werden sollte, dass die Lehrkraft Ihre Sicht der Dinge nicht teilt und die Gefahr besteht, dass sich Ihr Kind schuldig fühlt und sich womöglich selbst die Schuld an der Situation zuschreibt.

Was Eltern tun können

Mobbing in der Klasse ist ein schulisches Problem. Es liegt deshalb in der Verantwortung der Schule, Mobbing zu stoppen. Dies bedeutet nicht, dass Sie als Eltern nichts tun können, im Gegenteil. Sie sollten auf jeden Fall aktiv werden und haben dazu verschiedene Handlungsoptionen.

Generelle Handlungsoptionen

Das eigene Kind unterstützen

- Hören Sie Ihrem Kind zu und nehmen Sie ernst, was es berichtet – bagatellisieren Sie die Erlebnisse nicht.
- Versichern Sie Ihrem Kind, dass nichts „falsch“ an ihm ist.
- Schaffen Sie entlastende Erlebnisse, wie gemeinsame Unternehmungen, und suchen Sie neue Freizeitfelder, in denen Ihr Kind neue FreundInnen finden kann.
- Stärken Sie das Selbstvertrauen Ihres Kindes durch Trainings mit professionellen Fachkräften oder durch entsprechende Angebote von Erziehungsberatungsstellen.
- Führen Sie mit Ihrem Kind ein Tagebuch mit guten Erlebnissen.
- Sprechen Sie mit Ihrem Kind ab, was Sie unternehmen werden, um die Situation zu verändern. Das stärkt Ihr Kind, weil es so an Veränderungen beteiligt ist. Entscheiden Sie nicht über den Kopf Ihres Kindes hinweg.

Die Schule unterstützen

- Informieren Sie die Klassenleitung, SchulsozialarbeiterIn, Beratungslehrkraft oder andere Vertrauenspersonen in der Schule über Ihre Wahrnehmung, dass Ihr Kind womöglich Opfer von Mobbing ist.
- Treffen Sie gemeinsam mit der Lehrkraft eine Vereinbarung, welche Schritte unternommen werden sollen.
- Verabreden Sie ein weiteres Treffen, um gemeinsam zu prüfen, ob eine Verbesserung der Situation eingetreten ist.
- Je nachdem, welchen Weg Sie mit den Lehrkräften, den SchulsozialarbeiterInnen oder den BeratungslehrerInnen wählen, sprechen Sie ab, was Sie konkret tun können, um das gewählte Vorgehen zu unterstützen.
- Sollten Ihre Kinder Ihnen erzählen, dass ein anderes Kind in der Klasse gemobbt wird, geben Sie diese Information auf alle Fälle an die Schule weiter.

Alternative Wege gehen, wenn sich die Situation nicht ändert oder die Schule nicht reagiert

- Die Schulleitung ansprechen und Unterstützung suchen
- Beim Jugendamt, bei Familienberatungsstellen oder SchulpsychologInnen Rat einholen
- Eine Mediation zwischen Ihnen und der Schule vorschlagen, um doch noch eine gemeinsame Lösung zu finden
- Ihr Anliegen in den Elternbeirat bringen und Unterstützung gewinnen

---

Wenn nichts davon weiterführt, bestehen noch weitere Optionen

- Schulaufsichtsbehörde (Schulamt) einschalten – wo diese Stelle ist, wissen Elternverbände und regionale Schulberatungsstellen
- Juristische Schritte erwägen (Polizei, Rechtsanwalt)

Notausgang suchen:

- Klassenwechsel
- Schulwechsel

Achtsam abwägen – Handicap-Seite mit in den Blick nehmen

Das Einschalten der Schulaufsicht, die Entscheidung für das Ergreifen juristischer Schritte oder die Überlegung, einen Klassen- oder Schulwechsel zu initiieren, wollen gut überlegt sein. Werden diese Optionen früh gewählt, ohne dass zuvor andere Möglichkeiten genutzt wurden, führen sie oft zur Verhärtung der Beziehungen zwischen allen Beteiligten und zu kontraproduktiven Rückwirkungen auf die von Mobbing betroffenen SchülerInnen.

- **Klassenwechsel** oder **Schulwechsel** sind schulrechtlich als „Erziehungs- oder Ordnungsmaßnahme“ definiert. Auch wenn in Mobbing-Fällen eine andere Intention damit verbunden ist, wirkt es dennoch eher wie eine Bestrafung oder ein Aufgeben und signalisiert, dass anders keine Sicherheit für die Betroffenen hergestellt werden kann.

- Das **Einschalten der Schulaufsicht** ist vorgesehen für Situationen, in denen Gespräche mit Lehrkräften und der Schulleitung ohne Erfolg bleiben. Werden diese Gespräche „übersprungen“, wird die Beziehung zwischen Schule und Eltern zusätzlich angespannt und die weitere Kommunikation belastet. Unabhängig davon: Wenn die Schulaufsicht angerufen wird, ist es ratsam, diesen Schritt der Schulleitung vorher mitzuteilen und sachlich zu begründen.

- Es hat sich gezeigt, dass das **Einschalten von Polizei oder Rechtsanwälten** immer wieder negative Auswirkungen auf die Stellung des von Mobbing betroffenen Kindes in der Klasse hatte. Oft begegnen sich in diesen Fällen Mobbing-AkteurInnen und Mobbing-Betroffene noch längere Zeit in der Schule. Welche Belastung für die Mobbing-Betroffenen in dieser Konstellation liegt, lässt sich gut vorstellen.

  Wird diese Option gewählt, brauchen Sie eine möglichst detaillierte Dokumentation aller Gespräche (Arztbesuche, Aufsuchens von Beratungsstellen ...). Im Weiteren wird das Führen eines Mobbing-Tagebuches empfohlen, in dem aufgezeichnet wird, was wann passiert ist, wer beteiligt war, wer Zeuge des Geschehens war und welche Folgen der Vorfall hatte.

  Um keine Missverständnisse aufkommen zu lassen: Strafanzeigen oder der Gang zur Polizei sind der Weg, wenn die Schule nicht helfen kann, beispielsweise bei akuten körperlichen Bedrohungen oder anderen schweren Straftaten, oder sind letztes Mittel, weil alle anderen Optionen keine Veränderung gebracht haben.

Was wir als Schule in Mobbing-Fällen tun

In diese Rubrik gehören all die Dinge, die transparent machen, was die Schule zur Prävention gegen Mobbing unternimmt und mit welchen Handlungsoptionen sie im Mobbing-Fall plant, die Situation zu verändern. Konkret ist dies von Schule zu Schule unterschiedlich. Wir nennen hier einige wichtige Aspekte:

Klare Positionierung gegen Mobbing

- → „Wir wissen, dass es Mobbing an unserer Schule geben kann."
- → Präventionsprogramme und Interventionsinstrumente sind Komponenten des pädagogischen Repertoires
- → Anti-Mobbing-Konvention

Offensive Informationspolitik auf Elternabenden

- → Informationsveranstaltungen zum Thema Mobbing
- → Vorstellung aktueller und neuer Präventionsaktivitäten, Regeln in der Schule und Handlungsoptionen

AnsprechpartnerInnen

- → Mobbing wird ernst genommen, nicht bagatellisiert
- → „Wir haben ein offenes Ohr und eine offene Tür."
- → „Ihre AnsprechpartnerInnen sind ..."

Handeln bei Mobbing-Aktivitäten

- → Direkte Intervention bei einzelnen sichtbaren Handlungen
- → Beratungsangebote
- → NO BLAME APPROACH
- → Farsta-Methode
- → Mediation
- → Schulrechtliche Maßnahmen: Sanktionen

Handlungsoptionen von Eltern, um die Arbeit mit dem No Blame Approach zu unterstützen

Grundsätzliche Unterstützung durch Beschluss der Schulkonferenz

Als Eltern können Sie daran mitwirken, dass die Schule auf Gewalt- und Mobbing-Problematiken vorbereitet ist und sich über Präventionsprogramme und Interventionsmethoden verständigt.

Mit Blick auf den NO BLAME APPROACH können Eltern in Kooperation mit Schulleitung, Lehrkräften und SchulsozialarbeiterInnen die Anwendung des NO BLAME APPROACH zum Stopp von Mobbing durch einen Beschluss der Schulkonferenz im Schulalltag unterstützen:

» Bei Störungen des Schulfriedens durch Mobbing kann pädagogisch durch Intervention mit dem NO BLAME APPROACH reagiert werden, um dafür Sorge zu tragen, dass sich Schüler und Schülerinnen an der Schule sicher und wohlfühlen. «

Ein Beschluss der Schulkonferenz gewährleistet, dass die Intervention mit dem NO BLAME APPROACH nicht durch Bestrebungen einzelner Eltern behindert

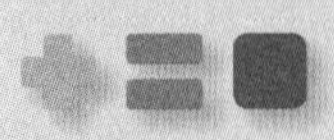

wird, die Mitwirkung des eigenen Kindes in einer Unterstützungsgruppe mit der Begründung zu blockieren, dass dadurch Unterrichtszeit ausfällt.
Mit diesem Beschluss werden auch die mit der Anwendung des Ansatzes verbundenen organisatorischen Maßnahmen akzeptiert.

Handlungsmöglichkeiten von Eltern bei Intervention der Schule mit dem No Blame Approach

Wenn Sie Eltern des von Mobbing betroffenen Schülers bzw. der von Mobbing betroffenen Schülerin sind,

- lassen Sie sich die Vorgehensweise mit dem NO BLAME APPROACH erklären, wenn Sie ihn nicht kennen.
- schauen Sie nach Beginn der Intervention gemeinsam mit Ihrem Kind auf positive Veränderungen.
- setzen Sie sich gleich mit der Schule in Verbindung, wenn keine positiven Veränderungen wahrzunehmen sind. Diese Rückmeldung ist wichtig für die Schule.
- starten Sie keine eigenen parallelen Interventionen. Geben Sie dem Handeln der Schule und der SchülerInnen die Chance, sich in der vorgesehenen Zeit wirksam zeigen zu können.

Wenn Sie Eltern von SchülerInnen aus der Unterstützungsgruppe sind,

- fragen Sie nicht die Personen, die Ihr Kind in die Unterstützungsgruppe eingeladen haben, was Ihr Kind zur aktuellen Situation beigetragen und welche besondere Rolle es dabei eingenommen hat.
- vergegenwärtigen Sie sich, dass Ihr Kind eingeladen ist, um dabei zu helfen, eine schwierige Situation in der Klasse im Miteinander zu lösen.
- sehen Sie auf die Stärken Ihres Kindes und vertrauen Sie darauf, dass es diese einsetzen kann, um einen eigenen Beitrag zur Verbesserung der Situation in der Klasse zu leisten.

Wenn Sie die Vermutung haben, dass Ihr Kind in einer Weise zur aktuellen Situation beigetragen hat, die Sie nicht für gut heißen,

- verzichten Sie darauf, nun Genaueres darüber erfahren zu wollen und Ihr Kind zu sanktionieren, sondern geben Sie ihm die Chance, im Rahmen der Unterstützungsgruppe mitzuhelfen, die Situation zu bereinigen.

↳ Wenn Sie sich nach der Intervention mit dem NO BLAME APPROACH jedoch weiter Sorgen machen, sprechen Sie mit der Lehrkraft oder der SchulsozialarbeiterIn (der Person, die die Unterstützungsgruppe eingeladen hat) darüber, ob und welche Maßnahmen möglicherweise präventiv für die Zukunft für Ihr Kind hilfreich sein können.[1]

Handlungsmöglichkeiten, wenn Eltern erfahren, dass das eigene Kind aktiv am Mobbing in der Klasse beteiligt ist

- Was tun? – Bewahren Sie Ruhe (wenn Ihnen das möglich ist), nehmen Sie Ihr Kind nicht ins Gebet, beschuldigen Sie es nicht gleich! – Bedenken Sie: Ihr Kind ist es nicht alleine. Bei Mobbing gehören andere dazu. Wie Ihr Kind sind auch alle anderen in der Klasse Teil einer Gruppe, in der sich auch destruktive Dynamiken entwickeln können. In Abwandlung einer anderen Weisheit ist es auch in Mobbing-Situationen hilfreicher, darüber nachzudenken, wie eine positive Veränderung der Situation in Gang gesetzt werden kann, als über die Entwicklung zu klagen, die zur jetzigen Lage geführt hat.

- Aber: Fragen Sie intensiver als sonst nach, wie es in der Klasse läuft, ob es Einzelnen in der Klasse nicht gut geht und wieso aus Sicht Ihres Kindes dies so ist. Vermeiden Sie trotz Ihrer Sorge und/oder Ihres Ärgers ein „Nachbohren" oder Kreuzverhör. Sie müssen nicht jedes Detail wissen.

- Wenn Sie sich fragen, ob auch andere Eltern Kenntnis darüber haben, dass es für einen Schüler oder eine Schülerin eine schwierige Situation in der Klasse gibt, kann es zweckmäßig sein, Kontakt mit einer Vertrauensperson in der Klassenpflegschaft aufzunehmen, um zu erfahren, ob vielleicht auch andere Eltern sich bereits Gedanken über die Geschehnisse in der Klasse machen.

- Sprechen Sie mit der Klassenleitung über Ihre Wahrnehmung und weisen Sie auf die Problematik hin. Besprechen Sie mit ihr die weiteren Schritte. Überlegen Sie, ob der NO BLAME APPROACH eine mögliche und passende Vorgehensweise sein kann.

[1] Allgemeiner Hinweis: Kinder und Jugendliche, die zu Aggressionen und Gewalthandlungen neigen, brauchen Hilfe. Wenn Ihr Kind im Verdacht steht oder tatsächlich an Gewalthandlungen beteiligt ist, wenden Sie sich nicht von ihm ab. Es braucht gerade jetzt Ihre Unterstützung. Bei Erziehungsberatungsstellen oder dem Jugendamt können Sie Informationen bekommen, wo Sie professionelle Hilfe und Unterstützung erhalten können.

Handlungsoptionen von Eltern, um die Arbeit mit dem No Blame Approach zu unterstützen

Handlungsmöglichkeiten, wenn Eltern erfahren, dass das eigene Kind aktiv am Mobbing in der Klasse beteiligt ist

Elterninformationen über den No Blame Approach

Handlungsorientierung für besorgte Eltern

Um Eltern schriftliches Informationsmaterial über die Vorgehensweise im Rahmen des NO BLAME APPROACH an die Hand geben zu können, haben wir ein 8-seitiges Heft für Eltern erstellt.

Neben Informationen zu Mobbing und Hinweisen, was Eltern tun können, wenn ihr Kind von Mobbing betroffen ist, gibt es einen Kurzüberblick über den NO BLAME APPROACH.

Das Elternheftchen kann unter *www.no-blame-approach/materialbestellungen.html* bestellt werden.

Gestaltung eines Elternabends zum No Blame Approach

Eltern sind generell interessiert zu erfahren, wie die Schule, die sie für ihre Kinder ausgesucht haben, einem möglichen Mobbing-Problem begegnen wird. Für Eltern ist es entlastend zu wissen, dass die Schule Mittel und Wege kennt, auf Mobbing in der Schülerschaft differenziert zu reagieren.

Elternabende sind eine gute Möglichkeit, Eltern über Mobbing und die Arbeitsweise des NO BLAME APPROACH zu informieren.

Die Informationsabende werden meist von Lehrkräften, SchulsozialarbeiterInnen oder SchulpsychologInnen, die mit dem NO BLAME APPROACH vertraut sind, gestaltet. Alternativ werden auch die ReferentInnen von fairaend für diese Aufgabe eingeladen.

Für die eigene Vorbereitung eines Elternabends finden Sie nachfolgend ein Ablaufraster. Für die inhaltlichen Teile des Abends ist es möglich, auf die von uns entwickelte Powerpoint-Präsentation zurückzugreifen. Die CD kann auf der Webseite zum NO BLAME APPROACH von Schulen und Interessierten bestellt werden.

Tipp: Eine gute Grundlage, die Präsentation optimal zu nutzen, ist erfahrungsgemäß die vorherige Teilnahme an einem Tagesworkshop zum NO BLAME APPROACH.

19:00	Begrüßung	Die Eltern werden durch die einladende Person begrüßt. In der Regel ist dies die Schulleitung, die auch die Motivation für das Thema an diesem Abend erläutert.
19:10	Vortrag	Der Vortrag gliedert sich in drei Themenbereiche: → **Mobbing** - Was ist Mobbing? - Wie kann ich als Eltern Mobbing erkennen? → **Was können Eltern tun, wenn sie den Verdacht haben, dass ihr Kind gemobbt wird?** - Aufzeigen der Handlungsmöglichkeiten von Eltern → **NO BLAME APPROACH: Intervention der Schule in Mobbing-Fällen** - Beschreibung der Vorgehensschritte mit dem NO BLAME APPROACH
	Fragen und Diskussionen	Die Darstellung des NO BLAME APPROACH löst in der Regel eine Reihe von Fragen und Diskussionen aus.
20:30/ 21:00	Verabschiedung	

Literaturhinweise

ARBEITSGEMEINSCHAFT KINDER- UND JUGENDSCHUTZ, AJS (Hrsg.): Mobbing unter Kindern und Jugendlichen. Informationen für Schule, Jugendarbeit und Eltern, Drei-W: Essen, 2013, 7. überarb. Auflage, zu bestellen unter: *www.ajs.nrw.de*

BLUM, Heike / BECK, Detlef: NO BLAME APPROACH, fairaend: Köln, 2016, 5. Auflage

BLUM, Heike / BECK, Detlef: Online-Befragung zur Anwendungspraxis des NO BLAME APPROACH, fairaend: Januar 2016, zu finden unter: *www.no-blame-approach.de/Auswertung-Kleine-Evaluation-des-No-Blame-Approach-2016.html*

BLUM, Heike / BECK, Detlef / MANGOLD, Joachim: Mobbing in der Schule, Kleiner Wegweiser für besorgte Eltern, fairaend: Köln, 2015, zu bestellen unter *www.no-blame-approach.de/materialbestellungen.html*

BUND FÜR SOZIALE VERTEIDIGUNG (Hrsg.), Evaluationsbericht – Der NO BLAME APPROACH in der schulischen Praxis, Köln/Minden, 2008

EBNER, Werner: Mobbing und Gewalt, Tipps für Eltern, 2010, download unter: *www.schulberatung.bayern.de/imperia/md/content/schulberatung/pdfopf/sonstiges/elterntipps.pdf*

JACKY, Johanna: Der traurige Alex, Kinderbuch zum NO BLAME APPROACH, zu bestellen unter *www.no-blame-approach.de/materialbestellungen.html*, ohne Jahreszahl

JANNAN, Mustafa: Das Anti-Mobbing-Elternheft, Beltz: Weinheim, 2010, 3. Auflage

Literaturhinweise

fairaend und der No Blame Approach

No Blame Approach: Organisation / Training / Beratung

Seit Anfang 2003 qualifizieren wir Lehrpersonen, Schulsozialarbeiter und -pädagoginnen, Fachkräfte der Kinder- und Jugendarbeit, der Gewaltprävention sowie der Polizei in der Anwendung des NO BLAME APPROACH. Inzwischen haben über 20.000 Personen an unseren Workshops und Informationsveranstaltungen zum NO BLAME APPROACH teilgenommen.

fairaend · Heike Blum / Detlef Beck · Kirchplatz 5 · 50999 Köln
Tel.: 02236-379179 · Fax: 02236-379182 · Mobil: 0170-3861333
info@fairaend.de · www.fairaend.de

info@no-blame-approach.de · www.no-blame-approach.de

Mit uns im No Blame Approach-Team

Marion Stock | Xenja Winziger | Joachim Mangold | Andreas Peters

Den NO BLAME APPROACH kennen und anwenden lernen

Informationen und Termine zu unseren Qualifizierungs-Workshops, Beratungsmöglichkeiten im Fall von Mobbing sowie zur Ausbildung zum/zur TrainerIn des NO BLAME APPROACH finden Sie unter:

www.no-blame-approach.de

Mobbing in der Arbeitswelt: Shared Responsibility Approach

Der NO BLAME APPROACH wurde auf den Bereich „Mobbing in der Arbeitswelt" übertragen. Wir bilden Führungskräfte, Personalverantwortliche und Betriebsräte in der Anwendung der drei Schritte fort. Informationen finden Sie unter:

www.shared-responsibility-approach.de

Unsere PartnerInnen in Österreich

Schulen lösen Mobbing –
eine Initiative von Team Präsent
Institut für Gewaltprävention und Beziehungskultur
Heideweg 8, 1140 Wien

www.team-praesent.at
www.schulen-lösen-mobbing.at

Unsere PartnerInnen in der Schweiz

Akademie für Lerncoaching
Albulastr. 57, 8048 Zürich

www.mit-kindern-lernen.ch

AKADEMIE FÜR
LERNCOACHING

Schweizerisches Institut für Gewaltprävention (SIG) GmbH
Oberfeldweg 7, 4710 Balsthal

www.sig-online.ch

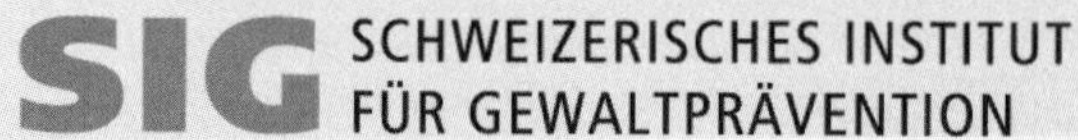